いまを知る、現代を考える　山川歴史講座

東アジア諸国と近代世界

青山治世・渡辺美季・森 万佑子
編

山川出版社

監修
吉澤誠一郎・池田嘉郎

目次

東アジア諸国と近代世界

序章　東アジア諸国と近代世界を考える

青山　治世

「近代」の起点と終点――本書の射程

本書のタイトルは『東アジア諸国と近代世界』です。単語(名詞)を一つずつ分解してみると、東アジア／諸国／近代／世界となり、ことばとしてむずかしいところはありません。いまの日本に住む私たちからみれば、ことばの意味についてあまり疑う余地はなさそうです。ただ、このシリーズは「歴史講座」ですから、あつかう時代の「歴史」に即して考えなければなりません。

「近代」ということばから、まず考えてみましょう。小・中・高、あるいは大学で歴史を勉強してきた読者のみなさんは、「東アジア」の「近代」といえば、どの時期を想像するでしょうか。日本の歴史に軸足をおけば、明治維新以降、具体的には明治新政府が成立した一八六八年を想起し、それ以降を「近代」と考える方が多いのではないでしょうか(学界を中心に、一八五三年のペリー来航、あるいは翌年の日米和親条約による「開国」からを日本の「近代」とするべきという見方もあります)。

世界史にくわしい読者はご存じのとおり、中国では「近代」はアヘン戦争(一八四〇～四二年)から始まるとされるのが一般的です。日本の「近代」が一八六八年からだとすると、中国の「近代」のほうが二八年も早く始まっていることになります。両国の「近代化」の規模やスピードを考えれば、日本人の多くはこれには違和感を覚えるはずです。

明治維新をさかいとする日本の「近代」は、政治体制の変更のほか、西洋の文明や制度、思想や技術などを大規模に受容し始めたことを、その指標としています。一方、中国がアヘン戦争を「近代」の起点とするのは、西洋列強(のちに日本も加わる)による中国への侵略と、それに対する中国人の抵抗がこれをさかいに始まり、中国が「半植民地・半封建社会」になっていくと考えるからです。つまり、中国にとっての「近代」とは「侵略と抵抗」「半植民地・半封建社会」の歴史であり、これが中国(政府・共産党)の公式な時代区分・歴史観となっています。

この「侵略と抵抗」「半植民地・半封建社会」の歴史を克服するための本格的な動きとして位置づけられるのが、反帝国主義運動としての五・四運動(一九一九年)であり、五・四運動も契機となって一九二一年に成立した中国共産党の歴史観では、これ以降が中国革命の第一段階(新民主主義革命の段

中国にとっての「近代」「現代」

かつては1919年の五・四運動以降を「現代」とするのが一般的だったが、最近では1949年の中華人民共和国の成立までを「近代」とすることも多くなった。30年というかなり長い幅だが、1919〜49年は「近代」と「現代」がかさなりあう時期としてとらえられている。

階)とされます。そして、中華人民共和国の成立(一九四九年)以降が社会主義革命の段階とされ、五・四運動以降、あるいは中華人民共和国の成立以降を「現代史」とするのが、現在の中国の一般的な時代区分です。

日本では、いまのところアジア太平洋戦争の敗北(一九四五年)をさかいに、それ以降を「現代」とするのが一般的です。イデオロギーを背景とした基準は異なるものの、中華人民共和国の成立以降を「現代」とする場合、「現代」の起点は日本と中国ではそれほど時期的に違いはありません。

本書が全体として中心・焦点としている時期は十九世紀後半で、この時期を含まない章・コラムはありません。しかし始点と終点は、次に示すとおり各章・コラムでかなり異なっています。

- 第一章(中国)　十九世紀初め(アヘン戦争前)～二十世紀初め(義和団事件後)+一九二〇年代(国民党)
- 第二章(琉球)　十四世紀(王国成立期)～十九世紀末(日清戦争後)
- 第三章(朝鮮半島)　一八六〇年代(大院君政権)～一九一〇年代(三・一独立運動)+現代韓国
- コラム(日本・アジア太平洋)　一八八〇年代(オットセイ猟への移行)～一八九〇年代(日清戦争前後)

第一章では中国と西洋との関わりの変化を、第二章では琉球の「王国」としてのあり方とその結末を、第三章では朝鮮半島における近代独立国家形成のゆくえを、コラムでは海獣猟の問題を例に日本の対外認識の変化のあり方を、それぞれあつかっています。このようにテーマが異なれば、始点と終点が異なり、あつかう時期の長さも違ってくるのは当然といえるでしょう。

ただ、時代の範囲のとり方はばらばらにみえても、いずれの「東アジア」の国・地域でも、十九世紀後半という時期に重大な変化や収斂《しゅうれん》が起きていることは、本書を通読すれば感じることができるはずです。それはまさに「東アジア」が「近代世界」と一体化していく時期にあたるからだといえるでしょう。

「東アジア」の「諸国」

次に「東アジア」と「諸国」について考えてみましょう。これもなかなか一筋縄にはいかないことばです。そもそも「東アジア」の範囲も一定ではありません。現代の国際社会を語る際に、日本で一般的に使われる「東アジア」は、日本、中国(中華人民共和国)、韓国(大韓民国)、北朝鮮(朝鮮民主主義人民共和国)に、台湾(中華人民共和国とは別の政体である中華民国が事実上存在)、そして場合によってはモンゴルや極東ロシアも加えた範囲になるでしょう。この範囲は北東アジアあるいは東北アジアとよばれることもあります。ただ一九九〇年代以降は、国際関係論の分野を中心に、右記の地域に東南アジアを足した広大な範囲を「東アジア」とする場合もかなりあります。

東アジア世界論

中国史家の西嶋定生(1919～98)によって確立された歴史学上の地域概念。漢から唐までの時期に、中国、日本、朝鮮、ベトナムなどの「東アジア」は、漢字、儒教、仏教、律令などの文化・制度を共有し、冊封体制という中国王朝を中心とする国際秩序構造をもった自己完結的な地域だったとされる。

しかし、日本の歴史学の分野では、戦前は「大東亜戦争」「大東亜共栄圏」という国策に歩調を合わせた歴史地理概念が提示され、戦後は一九六〇〜七〇年代に西嶋定生《にしじまさだお》によって確立された「東アジア世界論」が九〇年代まで力をもっていました。その後、二〇〇〇年代に入ると、「東アジア世界論」を中国中心主義として批判的に再検証する新しい学説が打ち出されました。それは北方・内陸アジアの遊牧諸民族に対する研究の進展がもたらしたもので、それらの活動や論理をとりこんだ、より広範囲な分析概念として「東ユーラシア／東部ユーラシア／ユーラシア東部」などと銘打たれました。そのあたりの諸問題については、本シリーズの『国際平和を歴史的に考える』(二〇二二年)の第一章(岡本隆司)でもすでに論じられています。

ここでは、戦前の「大東亜」はもちろん、「東アジア」という呼称や地域概念を多用・強調(誇張?)するのは、もともとは近代以降の日本の習癖である側面が強いこと、中国では現在も含めて、「亜洲《アジア》」や「亜太(アジア太平洋)」は使っても、「東亜」が使われるのは稀であること、韓国ではおもに一九七〇年ごろから「東アジア」の視角が注目され始め、多用するようになったのは冷戦終結後の一九九〇年代以降であることを確認しておきたいと思います。

実は、本書の構想段階では、「東アジア世界」ということばをタイトルに入れる案もありました。しかし、編者三人と対談者、編集者が話しあった結果、本書が中心的にあつかう十九世紀後半の時期には、歴史的に自己完結した「東アジア世界」は存在せず、誤解をあたえかねないとして、タイトルとしては使わないことにすることにしました。また、中国、琉球、朝鮮半島を各章でとりあげ、日本については、コラムを設けてあつかうことにしました。このように「国家」という枠組みやあり方をベースに、これらの国家間の相互関係や、それぞれの国家の西洋との関係を論じることをテーマとすることになったため、「東アジア諸国」をタイトルに入れることになりました。

先ほど現在の「東アジア諸国」を列挙しましたが、十九世紀半ばの時点で、現在でいう「東アジア」の「諸国」といえるのは、中国(清《しん》)、朝鮮、琉球、そして日本の四つでした。ただし、現在は東南アジアとして理解されることが多いベトナム(越南《えつなん》)も、中国との冊封《さくほう》・朝貢関係(第一章で詳述)や地理的な位置などを考えれば、本書がテーマとする「東アジア諸国」には当然入るべきです。場合によっては、タイ(シャム)なども入れるべきでしょう。本書の問題点をはじめからあえてあげれば、ベトナムが入っていないことだといえます。これは本シリーズが一冊ごとに三章の構成となっていることとも関わりますが、学問的にはやはり批判をまぬがれません。

一方、「東アジアの近代」を語る際によくとられるのが、「日・中・朝/韓」の三カ国をあつかえば、一応体裁は整ったとするやり方です。ただ本書では、日本には独立した章を設けず、日本の「近代」の始まりとされる時期には、日本とは別の「国」として存在していた琉球に一章をあてたことは、本書の特徴の一つといえるでしょう。もちろん日本は「東アジア」の大事な構成要素ですから、コラムとしてとりあげるだけでなく、各章では日本との関わりが随所で語られます。

琉球と朝鮮／韓国については、第二章・第三章で日本に併合されるまでの過程が詳細に語られるので、日本が随所に登場するのはむしろ当然といえます。他方、中国についてあつかう第一章でも、日本との連鎖や相互作用の視点を盛り込んだことで、日本自身の「近代」のあり方や、それが他の「東アジア諸国」にいかに作用・影響したのかといった点にも、多く紙幅を割《さ》くことになりました。

「近代世界」から、現代の「東アジア」を考える

本書のタイトルに使われる単語の説明・解釈を軸にここまで話を進めてきましたが、冒頭で「近代」と「世界」を別々の単語として区切ったことに違和感をもたれた読者も多いはずです。「近代」と「世界」はそれぞれ別の単語として成り立つのは確かですが、本書があつかう「近代」をいつととらえるかという問題にふれるため、冒頭ではあえて区切っていました。ですが、本書のタイトルに入っている「近代世界」は、歴史学の用語としては本来は分けることができない一つの単語として理解すべきことばです。

本書でいう「近代世界」とは、西洋諸国によって形成され、世界に拡大していった国際秩序と近代文明を基盤とした世界をさします。ここでいう国際秩序とは、おもに十七世紀にヨーロッパで確立した主権国家体制(ウェストファリア体制)や国際法秩序のことであり、近代文明とは、おもに産業革命以降に現れた機械文明や、市民革命以降に確立された自由・平等・公正などの思想体系のことです。

こうした「近代世界」の到来に「東アジア諸国」はどのように対応したのか。または「近代世界」の到来によって「東アジア諸国」はどのような変化や分岐を余儀なくされたのか。本書はそれらを中国、琉球、朝鮮／韓国、日本を中心に、その前史も含めてたどっていくことになります。ただし、それは「東アジア諸国」が「近代世界」の到来に対して、たんに受動的に翻弄された姿を描き出すことにはなりません。もはや月並みなことばになりつつありますが、東アジア諸国のそれぞれの「主体性」を丁寧に読み解き、彼らがどのように考え、何に悩み、どこに活路を見出そうとしたのかを、人間、あるいは人間集団の営みとして描き出していきます。

大きな歴史としては、「近代世界」が「東アジア」に到来・流入したことにより、中国は十九世紀だけでなく、ほぼ二十世紀の全期間をかけて、自らのあり方、生き方にもがいていくことになります。その姿は「大国」化したいまの中国、そして未来の中国のあり方を考えるヒントとなるはずです。

琉球と朝鮮半島は、「近代世界」のあり方をいち早く身につけた日本によって併合されていくことになります。琉球／沖縄はその後、太平洋戦争と米国統治という苦難をへて、現在も日本という国家に含まれていますが、いまの沖縄県のあり方を、日本や中国、そして米国との関係も含めて、「東アジア」のなかでとらえていく視点やヒントが、本書から得られるかもしれません。

一方、朝鮮半島は日本の植民地支配が終了すると、すぐに米国とソ連によって南北に分断され、そのまま別々の国家が成立し、現在も分断は固定化されたままです。朝鮮半島にとっての「独立」とはどのようなものであり、分断はなぜ起きてしまったのか。日本に隣接する朝鮮半島のいまを考えるうえで欠かすことができないこうした歴史的な視点も、本書をとおしてもつ機会になるはずです。

最後に掲載した座談会では、現代との結びつきや「東アジア」のとらえ方についてさらに議論を深め、当時の人々の感じ方や歴史を学ぶ意味などにも話が及んでいます。本編と合わせてぜひご覧ください。

「近代」は現代に直結する時代といわれます。また、日本にとって「東アジア」は自らが身をおく場所であるとともに、その周囲の「東アジア」は日本に直結する場所でもあります。日本では自明視されがちな「東アジア」、そしてその中にある／あった「国」を、歴史的にとらえ直し、現代を考える機会に本書がなれば、望外の喜びです。

参考文献

岡本隆司・飯田洋介・後藤晴美『国際平和を歴史的に考える』(いまを知る、現代を考える　山川歴史講座)山川出版社、二〇二二年
貴志俊彦「東アジア――相関する地域・交錯する地域像」羽田正責任編集『地域史と世界史』(MINERVA世界史叢書1)ミネルヴァ書房、二〇一六年
貴志俊彦・荒野泰典・小風秀雅編『「東アジア」の時代性』溪水社、二〇〇五年
京都民科歴史部会『新しい歴史学のために』三〇三号(特集:「東アジア」論の現在地)、二〇二三年十二月
呉志攀・李玉主編、包茂紅副主編『東亜的価値』北京大学出版社(北京)、二〇一〇年
西嶋定生『東アジア世界と冊封体制』(西嶋定生東アジア史論集第三巻)岩波書店、二〇〇二年
溝口雄三・浜下武志・平石直昭・宮嶋博史編『アジアから考える』全七巻、東京大学出版会、一九九三~九四年
桃木至朗『「近世」としての「東アジア近代」――地域のいまを問い直す』(講座:わたしたちの歴史総合《世界史×日本史》3)かもがわ出版、二〇二三年
吉澤誠一郎・林佳世子責任編集『近代アジアの動態　一九世紀』(岩波講座世界歴史17)岩波書店、二〇二二年
和田春樹・後藤乾一・木畑洋一・山室信一・趙景達・中野聡・川島真『東アジア近現代通史――19世紀から現在まで』(岩波現代全書)岩波書店、二〇一四年

第一章

西洋の国際秩序と近代文明の到来に中国はいかに対応したか

――日本との連鎖・相互作用の視点から

青山　治世

本書は「東アジア諸国と近代世界」をどのようにとらえるかをテーマにしています。序章でみたとおり、十九世紀半ばに現在でいう「東アジア」にあった「国」は、(現在は東南アジアとして理解されることが多いベトナム(越南国)をのぞくと)大清《しん》国(中国)、朝鮮国、琉球国、そして日本の四つでした。第二章・第三章では琉球と朝鮮がとりあげられるので、この第一章では、当時の「東アジア」の中で支配領域の面積はもちろん影響力も格段に大きかった大清国(以下、清または中国と呼ぶことにします)についてみていき、日本についても、中国の近代化との関わりの中で適宜ふれていきたいと思います。

本章のタイトルは「西洋の国際秩序と近代文明の到来に中国はいかに対応したか――日本との連鎖・相互作用の視点から」としましたが、より具体的に次の二つの問いを立てることにします。

第1章のPoint

(1)西洋の国際秩序と近代文明に直面した中国は、どのように反応・対応し、それは中国自身をどのように変容させていったか?

→中国が、西洋諸国と結んだ「不平等条約」の内容を認識し、中でも「領事裁判権」の重要性に気づき、その後西洋外交の制度やルールを利用し、有利に活用しようとした過程に注目する。

(2)西洋近代への中国の反応・対応に、日本の存在はどのような影響をあたえたか?

→中国古典の中の言葉、概念を利用して、日本で造語されたのが「和製漢語」。中国をはじめとする東アジアは、この「和製漢語」をとりいれて翻訳された書籍などをとおして、西洋近代を受容・体得していった。和製漢語は東アジアの公共財・共有財産といえる。

(1)西洋の国際秩序と近代文明に直面した中国は、どのように反応・対応し、それは中国自身をどのように変容させていったか？

(2)日本など東アジアの近隣諸国との関係は、西洋近代への中国の反応・対応にどのような影響をあたえたか？

つまり、十九世紀から二十世紀前半にかけて、西洋の国際秩序と近代文明に直面した中国が、それにどのように反応・対応して中国自身を変容させたのかということを、日本など東アジア諸国との連鎖あるいは相互作用の視点から考えたいということです。そのため、近代日本についても適宜言及しますが、中国と日本とのたんなる比較はさけて、日中間、あるいは東アジア諸国間における連鎖や相互作用の視点を重視していきたいと思います。

なお、本章の内容は筆者が研究したオリジナルの部分もありますが、多くは参考文献にも記した先学の研究成果に依拠している点はご了解ください。

テーマは「近代」ということですが(以下、とくに強調する場合をのぞいて「近代」はカッコをつけずに用います)、近代をみる前に、それ以前の中国(当時は清)の対外関係のあり方を押さえた上で、それが近代になってどう変わったのかをみることが必要だと思います。

中国では一般に、近代はアヘン戦争(一八四〇～四二年)からとなっています。それもいろいろと議論があってもいいと思いますが、序章でも述べたとおり、中国では歴史学界のみならず、歴史教科書も含め中国政府の公式な見解として、現在のところアヘン戦争からが近代ということになっています。これは現在の中国において近代史とは「侵略と抵抗」の歴史、つまり外国（欧米や日本）が中国を侵略し、中国がそれに抵抗していた歴史であると定義づけられ、その起点がアヘン戦争であるとされるからです。その妥当性やさまざまな見方については、ここでは深入りせず、まずはそのアヘン戦争以前の清の対外関係について押さえておきます。

清代の中国の対外関係のあり方は、大きく分けて「朝貢」、「冊封《さくほう》」、そして「互市《ごし》」の三つがあります。まず朝貢は、周辺国の首長が中国の皇帝に使節を派遣して朝賀《ちょうが》、つまり挨拶の儀礼をおこない、臣下の礼をとることをいいます。その際、使節が持参する挨拶文を表《ひょう》といい、方物《ほうぶつ》と呼ばれる貢ぎ物を献上します。これに対し、朝貢した国の首長に中国の皇帝が王などの爵位をさずける行為を冊封といいます。第二章・第三章で登場する琉球や朝鮮などへは、王の代替わりごとに冊

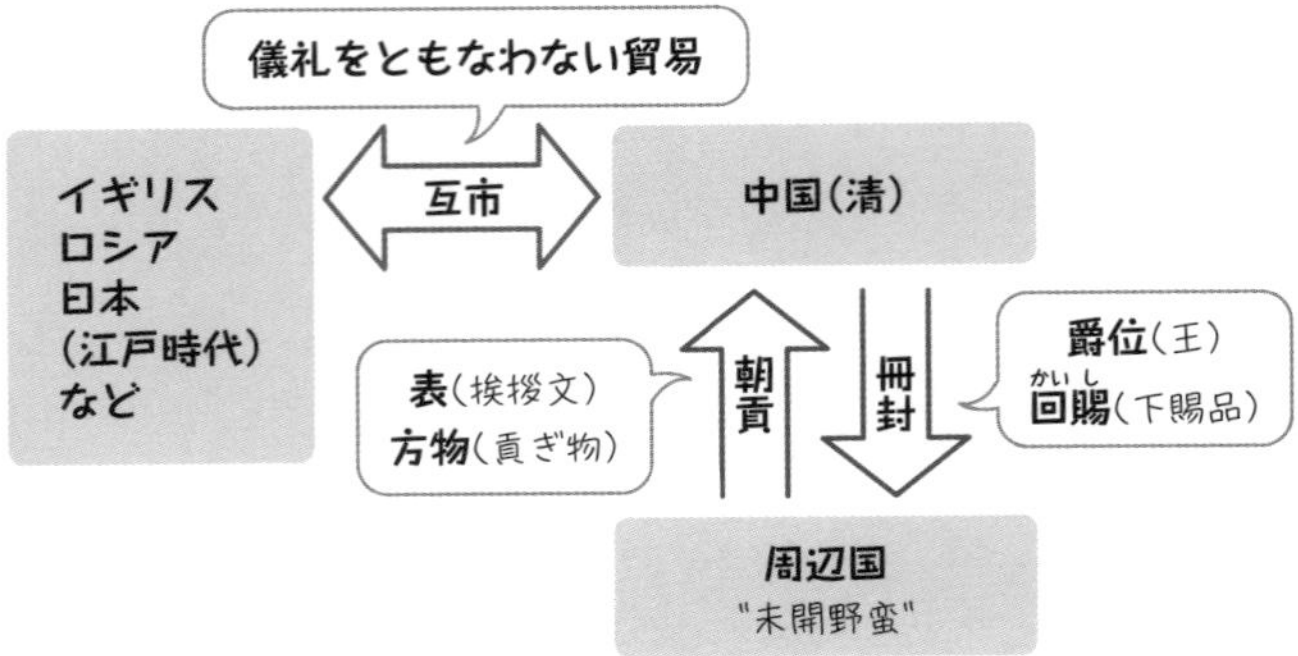

図１　清代中国の対外関係

封の使節が清から派遣されました。

朝貢・冊封というのは、**図1**のとおり完全な上下関係で、中国・清を中華・上位とし、周辺国を蛮《ばん》夷《い》（未開で野蛮な人々）・下位とする華夷《かい》思想に基づくもので、古くは前漢（前二〇二～後八年）の時代からそうした行為はおこなわれていたといわれます。

そしてもう一つの互市ですが、これは朝貢・冊封などの国家間の儀礼をともなわない外国との貿易関係のことで、相手国は、広東《カントン》で茶貿易などをおこなっていたイギリスや、ネルチンスク条約・キャフタ条約に基づく国境貿易などをおこなっていたロシア、江戸時代の日本などがこれにあたります。中国からみれば、十九世紀半ばになってこうした朝貢・冊封・互市という対外関係に、西洋諸国との「条約」関係が新たに加わることになります。

1　「条約」と「朝貢・冊封」の併存

アヘン戦争と「不平等条約」

アヘン戦争の講和条約として結ばれた南京《ナンキン》条約（一八四二年）以降、中国は西洋諸国との間で本格的な「条約」関係を結ぶことになります。しかし、中国の対外関係がいきなりすべて「条約」関係に取って代わったわけではありません。ここでは、中国が西洋との「条約」にどのように対応し、そうした中でも中国をまさに「中心」とする体制をいかに残そうとしたのかをみていきます。

まずはやはりアヘン戦争とその結果を述べておかなければなりません。**図2**は世界史教科書にはほぼ必ず載っている有名な絵(版画)で、これをみればアヘン戦争を想起する人も多いでしょう。遠くに蒸気船のイギリス軍艦が浮かび、清のジャンク船(帆船)が完全に破壊されているこの絵は、イギリスを代表とする西洋の軍事力の強大さと中国(清)の弱体ぶりを、あますところなく物語っています。これ以降、中国では西洋の軍事力の強大さを「船堅砲利《せんけんほうり》(強力な軍艦と性能のよい大砲)」という言葉で表現しました。

アヘン戦争は一八四〇年に起こり、四二年の南京条約まで続く清とイギリスとの戦争で、よく知られたと

図 2　アヘン戦争図・エドワード・ダンカン銅版画(1843 年)

ユニフォトプレス提供

『籌辦《ちゅうべん》夷《い》務《む》始末』

アヘン戦争前の 1836 年から 74 年までの清の対外関係に関する上《じょう》諭《ゆ》(皇帝の命令)、上奏文、外国との往復文書・条約などを集めた資料集。政府内の参考用として編集され、宮廷に秘蔵されていたが、1930 年に故宮博物院によって影印《えいいん》出版(書籍の紙面を写真にとって製版・印刷したもの)された。「籌辦」とは処理・対処すること。アヘン戦争前後以降、西洋諸国との関係の激変を受けて、清が西洋諸国への対処を重視し、また苦慮もしていたことがうかがえる。また、国内向けにはそれを「夷務」と呼び続けたことも注目される。

おり、麻薬であるアヘン取引をめぐる争いが原因となって開戦にいたり、清の敗北で終わりました。その講和条約として結ばれた南京条約では、上海をはじめとする五つの港が開港され、イギリスは中国貿易の拠点とするため香港島を割譲させました。また、行商《こうしょう》と呼ばれた中国側の特許商人制度を廃止させ、自由貿易を実現しようとしました。そのほか、条約を結んで国家間の正式な外交関係をもつということになったため、両国の官憲間では対等な往復文書を取り交わす、つまり少なくとも直接接触する官憲同士では、両国は対等ということも取り決められました。

翌年になり、広州近郊の虎門寨《こもんさい》という場所で追加条約が結ばれ、協定関税・最恵国待遇・領事裁判権などが定められます。これらは清側のみ義務を負う(これを片務《へんむ》といいます)ため、のちになってこれらの条約は「不平等条約」と呼ばれるようになります。では、のちに「不平

協定関税

A国がB国からの輸入品にかける関税の対象品目や税率を自由に決めることができず、B国と協議して決めなければならないこと。

最恵国待遇

条約締結国にあたえているものよりも有利な待遇を別の国にあたえた場合、その待遇が条約締結国にも自動的にあたえられる取決め。

領事裁判権

外国人が罪をおかした場合、その外国人は滞在している国の裁判を受けることなく、自分が属している本国の官憲(領事など)による裁判を受けることができる権利。通常、外国人の属する国の法律で裁かれることになる。

等条約」と呼ばれるようなものを、上下関係・華夷秩序を基本とする清がどうしてイギリスと結ぶことになったのでしょうか。そして彼ら自身、どのような論理でそんな条約を結ぶことを受け入れたのでしょうか。

「不平等条約」を認めた中国の論理

まずは条約そのものの位置づけについてです。南京条約のテキスト(条約文)は漢文と英文の二種類があり、たとえば、イギリス人が家族を連れて中国の開港地に住み貿易できることを清が認めた第二条については、漢文テキストでは清の大皇帝が「恩准《おんじゅん》」するものであると書かれています。「准」は許すという意味です。つまり清の皇帝が恩恵として許可するという、完全に清側が上位と読み取れる形になっています。同内容の英文テキストでは、「中国の皇帝(the Emperor of China)」が「agree(同意)」すると書かれていて、「agree」という動詞に上下関係は通常生じないので、漢文と英文ではやはりニュアンスが違っていました。

これは清側の意識がもともとそうであったから、このような表現になったのか、あるいは漢文でこう表現することによって、清の国内向け、とくに支配下にある漢人向けに、あくまで清側が上位であることをアピールしたものなのかは定かではあ

羈縻《きび》政策
中央政府に従った周辺の異種族集団に自治権をあたえ、つなぎとめる政策。

りません。ただこうした条約の文言から、蛮夷として下位にみていたイギリスとはじめて条約を結ぶことになった清側の意識、理解を垣間見ることはできるでしょう。

南京条約以降、清は条約を、野蛮な外国人である夷狄《いてき》を羈縻《きび》する、つまり懐柔して操縦するための手段として理解しました。清側は条約が契約であって、拘束力を有するものであるという認識はもっていました。そのため清は、そうした条約の拘束力を使って、かえって西洋諸国の行動を規制しようとする動きもみせます。いわば逆用です。

たとえば後でもふれますが、西洋側は開港場以外の土地にも自国民が自由に行き来し居住できる権利、いわゆる「内地開放」を清側に求めますが、開港場以外の地に外国人が居住することをきらう清は、ずっとそれを拒否し続けます。条約で認めていない以上、清側には内地開放の義務は生じません。このように、清は自らに有利な形で条約を使おうとする側面が、しだいに出てきます。

また、不平等条約の典型例とされる最恵国待遇については、中国でいう「一視同仁《いっしどうじん》」の論理で当初は理解されました。つまり大皇帝たる者、一国だけ優遇することなどせず、等しく各国平等に仁愛の心をもって対応するという論理に従えば、最恵国待遇はあたりまえではないかという考え方です。領事裁判権についても、外国人同士の紛争は外国人の代表が彼らの法で処理するということが、唐の時代の法令(唐律《とうりつ》)にもあったので、それを拡大解釈すれば前例があるという理解も可能でした。

先にみたとおり、そもそも中国の対外関係は不平等でなければならなかったので、条約も不平等となるのはむしろ当然と考えられました。ここでいう不平等というのは、中国が上で、夷狄である外国は下だという、あくまで華夷の論理、天朝《てんちょう》の論理に基づくものです。

イギリスと南京条約を結んでから、アメリカやフランスなどとも条約を結ぶことになるので、そうした意味で、中国(清)がいわゆる「条約体制(treaty system)」を部分的にも受け入れ始めたということは確かにいえることです。しかし一方で、アヘン戦争後も朝鮮や琉球など周辺国との「朝貢・冊封」という対外関係も併存していました。次章以降で詳述されるとおり、琉球とは一八七〇年代まで、朝鮮とは一八九〇年代まで、中国との朝貢・冊封関係は継続されることになります。

外国を下位・野蛮とみなして応対する対外関係を、当時の中国では「夷務《いむ》」と呼びました。朝鮮・琉球などの周辺国だけでなく、条約を結んでいる西洋諸国との関係も、中国の多くの官僚の意識レベルでは、少なくとも一八七〇年代ぐらいまでは「夷務」として理解され続けました。

天朝

天命を受けて天下(世界)を統治する徳のある天子を戴く朝廷(国家)のことで、対等な国家の存在を想定していない。

2　中国と日本の「不平等条約」認識の受容と変化

なぜ「不平等」になり「改正」へと向かったのか

　アヘン戦争後に南京条約が結ばれた当時、中国にはそれを（現在の歴史教育でいわれるような）「不平等条約」と考える認識がなかったということを前節ではみてきました。では、中国はいつから西洋との条約を「不平等条約」ととらえるようになったのでしょうか。また、不平等条約といえば、江戸時代末期（幕末）に欧米諸国によって結ばされ、明治時代をとおして「条約改正」のために邁進した歴史が語られるように、日本の近代史の語りにおいても大きなトピックになっています。そこで日本の「不平等条約」についてもこの節でふれたいと思いますが、通常の日本史教科書でいわれているような内容をくりかえすことはせず、また日本と中国の「不平等条約」の歴史をたんに並べて説明するだけになることはさけて、「はじめに」でもお話ししたとおり、中国と日本の同時代的な連鎖や相互作用の面に重点をおいて述べることにします。

　より具体的には、中国と日本が「不平等条約」という認識をどのように受容し、その認識はどのように変化していったのか、その過程で両国はどう影響しあったのかということをみていきます。当初は「不平等」とは考えていなかった条約を、なぜ「不平等」と認識し、「改正」しなければいけないと考えるようになっていったのか、という問いです。
まずは中国と日本の事情をそれぞれ分けてみていきます。

中国における「不平等条約体制」の確立

南京条約が結ばれてアヘン戦争が終わった一四年後、中国(清)はふたたび西洋の国家と戦争になります。中国では第二次アヘン戦争(一八五六～六〇年)と呼ばれる清がイギリス・フランスと戦った戦争です。日本の教科書では以前は(アロー号事件をきっかけに起こったため)アロー戦争とのみ表記していましたが、最近の教科書では中国での呼称にも配慮してか、「アロー戦争(第二次アヘン戦争)」などと併記する場合もふえています。

この戦争は断続的に四年ほど続きましたが、最終的には首都・北京が陥落するという形で清が敗北して終わります。その途中に清と英・仏との間で天津条約(一八五八年)が結ばれ、最後には北京まで占領され、いわば城下《じょうか》の盟《めい》(敵に首都まで攻め入られて結ぶ屈辱的な約束)の形で北京条約(一八六〇年)が結ばれます。これらの条約で、北京にほど近い天津も含めた一一港の開港、キリスト教の布教の公認、あるいは外交使節を北京に常駐させるということも清側は認めます。

この天津条約・北京条約によって、中国における「不平等条約体制」が確立されたと、現代では評価されていますが、ただ先に述べたとおり、中国側には望まない内容を認めさせられたという認識はあっても、これが「不平等」であるという認識、現在の私たちが考える「不平等条約」の認識は、やはりまだ確立されていませんでした。

それから一〇年近くたち、一八六〇年代の終わり頃になると、条約規定の不利益を認識し、清側に有利になるように修正しなければならないという考えは出てきます。天津条約は一〇年で改定の交渉を申し出ることができる規定になっていたので、イギリスとの間で条約改定の交渉が六七年からおこなわれましたが、その過程で自国に有利になるように改定していこうという試みは清側にもありました。

ただ、これが「不平等」な条約であることの問題性自体を中国側が認識し始めるのは、さらに一〇年後の一八七〇年代末以降のことです。しかも当初この点を注視したのは、条約と日々関わる対外交渉の担当者など、ごく少数の人に限られていました。そして実は、この時期に中国側が「不平等条約」の認識をもち始めたのは、一八七〇年代という同時期に日本が欧米諸国とおこなっていた条約改正交渉の取り組みが、中国に影響した可能性が高いといわれています。

日本を経由して「不平等条約」を知る

ちょうどその頃、一八七〇年代後半、日本では明治十年頃になると、後述するとおり、中国は欧米諸国や日本に常駐使節を派遣するようになります。日本にも初代駐日公使になった何如璋《かじょしょう》を筆頭に、黄遵憲《こうじゅんけん》などの公使館員がやってきて、日本での外交活動を始めます。その過程で彼らは、当時、寺島《てらしま》宗則《むねのり》外務卿《きょう》を中心に明治政府が進めていた条約改正の動きを察知し、その情報を本国の李鴻章《りこうしょう》など対外交渉を担っていた官僚たちに知らせます。こうして清も「不平等条約」という考え方と、その問題性を認識し始めることになります。そもそも現在の中国語でも「不平等条約」という言い方をしますが、この言い方自体も、第四節でとりあげる和製漢語であって、のちに中国語にとりいれられていくことになります。

ただ、日本の「不平等条約」という認識やその改正の動きを知っても、中国ではすぐに自らも欧米との条約改正をおこなうという動きにはなりませんでした。日本ではその後、一八八〇年代に入ると、井上馨《いのうえかおる》外務卿（のち外相）による条約改正交渉など、とくに領事裁判権の撤廃に向けた動きが進んでいき、駐日公使館からの情報や日本との直接的な外交交渉などをとおして、中国側も領事裁判権の弊害とその撤廃の重要性などを認識するようになりました。

領事裁判権と内地開放

ただやはり、領事裁判権の撤廃と表裏の関係にある「内地開放」は回避したい、領事裁判権の撤廃よりも「内地開放」の回避を優先したいという考えのほうが強く、中国が領事裁判権の撤廃をはじめとする「不平等条約」の改正に動き出すことはありませんでした。

天津条約・北京条約によって外国人の内地旅行権は西洋諸国にあたえていましたが、居住については、上海や天津などの開港場に設けられた外国人居留地である「租界《そかい》」に限定され、開港地・租界以外の「内地」は外国人には開放されていませんでした。

日本でも幕末以来、横浜・神戸・長崎などに外国人居留地がありましたが、中国も日本も租界や居留地に外国人をいわば閉じ込めておきたい、そこ以外の「内地」に自由に出入りさせたくないと考えていました。まして や、外国人が自国民と同様に「内地」に居住する、いわゆる「内地雑居」はさせたくないという考えが強くありました。それは自国民と外国人との無用な紛争、とくに自国民による外国人殺傷事件をさけたかったからです。そうした紛争は国内統治を不安定にさせるだけでなく、紛争を利用して、外国側がさらなる権利の要求をせまってくることもさけたいことでした。

先ほども述べたとおり、日本と欧米との条約改正では、日本が居留地を撤廃して内地開放するかわりに、欧米側は領事裁判権を撤廃するというバーターの形がとられました。中国がもし欧米との条約改正を進める場合、そうした形になることを中国もわかっていました。そうなると前述したと

租界

アヘン戦争後の19世紀後半から中華人民共和国成立(1949年)前の中国の開港場で、外国人が行政権と警察権をにぎっていた地域。欧米諸国や日本が清との交渉をへて、上海、天津、漢口などに設定し、「国の中の国」といわれた。一方で、日清戦争前の1880年代から日本による韓国併合まで、中国も朝鮮(大韓帝国)の仁川《インチョン》などに租界をもっていた。

おり、中国ではやはり領事裁判権の撤廃よりも内地開放を回避したいということになります。日本でも幕末に外国人を殺傷する攘夷事件が頻発しましたが、明治に入り急速に沈静化します。

一方、中国では反外国人、とくに反キリスト教の意識が根強くあり、宣教師や信者の殺傷や教会の破壊をともなうキリスト教排斥事件(「教案《きょうあん》」と呼ばれました)が各地で頻発し続けました。宣教師の内地での活動は天津条約・北京条約によるキリスト教布教の許可で保障されていたため、さけがたいものがありましたが、一般の外国人が開港場以外の地に自由に出入りし居住するようになれば、紛争の拡大や国内統治の不安定化は必至ととらえられたのです。

そのため、当時の中国の対外政策に大きな影響力をもっていた李鴻章などを中心に、やはり内地開放を回避することが優先され、領事裁判権の撤廃が実際の政策課題にのることはありませんでした。その後、日清戦争(一八九四~九五年)や義和団戦争(一九〇〇年)をへて二十世紀初頭になると、ようやく中国の中で条約改正が政策課題にのり始めます。この頃から中国でも、日本がおこなってきたような国内法を整備することによって条約改正につなげようという動きも始まります。

ただ、それでも条約改正の実現にはなかなかつながりませんでした。その後、清が滅亡して中華民国になった後の一九二〇年代になると、欧米や日本との条約改正(中国では「修約《しゅうやく》」といいます)のための交渉が本格化していきます。しかし実際にそれが実現し、多くの不平等条約が撤廃されるのは第二次世界大戦中のことで、完全に撤廃されるのは第二次世界大戦後のことになります。

日本で「不平等条約」の認識は生まれたのか

　では日本において「不平等条約」という認識がもたれ、それを改正しなければならないと考えるようになったのは、いつ頃からなのでしょうか。一八五三年、アメリカのマシュー・ペリー提督が日本にやってきて、翌五四年に日米和親条約が結ばれ、下田・箱館が開港されます。その四年後には、日米修好通商条約をはじめとする「安政の五カ国条約」が結ばれ、神奈川（横浜）・長崎・新潟・兵庫（神戸）を開港し、外交代表を交換するという規定も設けられます。ただ、通商面では自由貿易が定められていましたが、日本人が海外に出て行って貿易するという「出貿易《でぼうえき》」は、日本側では考慮されていませんでした。

　欧米諸国に対しては港を開いたものの、日本側の一般庶民の海外渡航は想定していなかったため、両国民間の紛争については、日本における欧米側の領事裁判

を定めるだけで、日本人の海外における裁判については規定しませんでした。そして、それを「不平等」だと言い立てることもありませんでした。ただ、ロシアとの間は少し例外で、樺太(サハリン)の日露雑居が定められたほか、自国民に対する領事裁判を双務的に認めあう規定が設けられています。

ところが、一八六六年に日本側で一般庶民の海外渡航が解禁されると、多くの日本人が外国に渡航したり居住したりする状況になるため、欧米側だけ領事裁判権をもっているという状態の不平等性がにわかに顕在化することになります。

領事裁判権とともに「不平等条約」の典型とされるのが協定関税、つまり関税自主権の喪失ですが、関税については、日米修好通商条約では日本への輸入は二〇%、日本からの輸出は五%と定められました。日本側のみ欧米側と協議して関税率などを定めるという片務規定なので、権利・義務関係では制度上確かに「不平等」です。ただ、二〇%という輸入関税率は日本の国内産業保護の観点からみれば、決して低い税率ではなく、日本にとって不利なものではありませんでした。

それが朝廷の強い反対を受けて、兵庫開港を延期するということになった代償として、一八六六年に幕府は「改税約書」をイギリス、フランス、アメリカ、オランダと結んだことで、輸入関税は一気に五%に引き下げられます。これによって以後、日本国内のインフレに即応しない安い価格で外国商品が日本市場に大量に流入するようになり、国内産業の発達にとってきわめて不利な状況となったことは、日本史の教科書にも書かれているとおりです。

改税約書

1866年6月に江戸幕府がイギリス、アメリカ、フランス、オランダと結んだ関税率改定に関する協約。長州藩の下関での外国船砲撃事件の賠償金の3分の2を放棄するかわりに、4国は条約勅許、兵庫開港、輸入税率の引き下げを日本側に要求した。朝廷は兵庫開港は認めないが条約は勅許することを決定し、それを受けて幕府は兵庫開港の延期と引きかえに、輸出入税をともに従《じゅう》価《か》5%を基準とする従量税とする改税約書を4国と締結した。これは清が英仏と結んだ天津条約と同水準の低税率で、外国商品の日本への販売はきわめて有利な状態となる一方、日本商品の外国への輸出には不利となった。この状態は1899年の改正条約実施まで固定された。改税約書自体は1894年に廃止が決定された。

「改税約書」を主導した
イギリス駐日公使パークス

従量税

過去数年の産品の価額から平均価額を出し、それを重さに比例して賦課する税方式。物価上昇の影響が少なく、かつ、その税率が5%と低いため、外国側が安い税で商売できる状態を固定化した。

パークス（1828～85）

1856～60年のアロー戦争（第二次アヘン戦争）で活躍したのち、65～83年にイギリス公使として日本に赴任。幕末期には薩長ら倒幕派に接近し、幕府を支援したフランス駐日公使のロッシュと対立した。改税約書の締結のほか、江戸無血開城の斡旋にも尽力した。

その後、江戸幕府も倒れ、幕末に西洋諸国と結んだ条約を「不平等」と認識し始めるのは明治初年のことです。一八七一年(明治四)に岩倉具視《いわくらともみ》を大使とする岩倉使節団が派遣されてアメリカに対してはじめて条約改正を申し出ますが、結局うまくいきませんでした。その後も寺島宗則や井上馨らによって西洋諸国との条約改正交渉が進められ、それと同時に、とくに領事裁判権の撤廃のための必須条件として西洋側が求めた、西洋法に則した国内法の整備も日本で進んでいきます。

改正交渉では、領事裁判権の撤廃よりも比較的容易と思われた外国人居留地の行政権の回復を当初日本側は優先していましたが、細かな調整を要したため行政権の回復交渉はかえって停滞してしまい、それならば一気に領事裁判権(法権)を回復しようという「跳躍」が起こります。これが結果的に成功し、行政権や関税自主権よりも領事裁判権のほうが先に撤廃されるという条約改正の順序になりました。

一八九四年、日清戦争の直前にイギリスとの条約で領事裁判権が撤廃され、ほかの列国との間も九七年までに撤廃が条約上認められます。実施は九九年で、領事裁判権の撤廃と同時に外国人居留地が廃止され、いわゆる内地雑居が始まります。協定関税については、改税約書に始まる低関税の固定化は九九年まで続き、関税自主権の回復はもっとおくれて、一九一一年のことになります。

日清間については、一八七一年に日清修好条規という条約を結んでいました。これはほぼすべての規定が対等になっており、領事裁判権も双務的、つまり互いに認めあう規定になっていました。つまり、日本は中国で領事裁判権を行使し、清も日本で領事裁判権を行使するというものでした。この条規は日清戦争の勃発によって破棄され、日本側の勝利によって、日本は欧米が清と結んでいるものと同様の不平等条約を清に結ばせることになります。つまり、中国をめぐる西洋列強の不平等条約体制に日本も入っていくことになったのです。

3　西洋近代の外交制度の受容と活用

中国は「条約体制」をいかに利用したか

日本や中国は「不平等条約」の被害者だった、西洋型の国際関係を押しつけられたというイメージが、教科書的にも強いと思います。そして、日本は明治維新以降、西洋型の外交制度や国際関係のルールをいち早く身につけ、欧米諸国と渡りあい、条約改正をはたして、中国や朝鮮に対しては自らが「不平等条約」を結ばせていくことになることは、ここまでみてきたとおりです。

では中国は、西洋近代の「条約体制」や外交制度に対して、つねに受動的な姿勢だったのでしょうか。実際の歴史過程では、中国も二回のアヘン戦争をへて、西洋の条約体制を自らに有利な形で利用、活用しようとしていきます。言い換えれば、どうせ条約などというものを結ばなければならないので

総理衙門（総理各国事務衙門）

第二次アヘン戦争の敗戦を受けて、清がイギリス・フランスと結んだ北京条約には、外交使節の北京常駐が規定されており、1861年、イギリス・フランス・アメリカ・ロシアは北京に常駐使節（公使）を設置する。この外国公使に応対する機関として設置されたのが総理衙門《そうりがもん》だった。正式名称は「各国との事務を総合的に管理する衙門（役所）」を意味している。外交・通商・軍事（洋式）など西洋（のち日本も）とのやりとり全般（＝洋務《ようむ》）を担う機関とされ、外交に特化した現代的な外務省ではなく、あえていえば「洋務機関」だった。

総理衙門大臣は首席の王大臣が1人、その他の大臣が5〜9人おり、その下に書記官（章京《しょうけい》）が置かれた。王大臣は設立から20年あまりは恭親王奕訢《えききん》（咸豊《かんぽう》帝の弟、同治帝・光緒帝の叔父）が務めたが、のちに失脚する。

第二次アヘン戦争の敗北を受けて設置されたため、欧米勢力を排除できたときには廃止することを前提に、当初から臨時機関的性格をもっていた。そのため、大臣以下、職員はみな他に正規の官職がある兼職で、総理衙門の職務は出向扱いだった。義和団戦争の敗北を受けて結ばれた辛丑《しんちゅう》条約（北京議定書）で総理衙門の廃止と外務部（これは現代の外務省にあたる）の設置が決められ、1901年に実施された。

総理各国事務衙門　ユニフォトプレス提供

あれば、さらにいうと西洋外交の制度やルールに従わなければならないのであれば、むしろそれを利用、活用してやろうという動きが出てくるわけです。

以下、中国が西洋近代の外交制度や条約体制をいかに受け入れて、利用していったのかをみていきます。

先述したとおり、第二次アヘン戦争（アロー戦争）で清は首都・北京まで占領されるという大敗北を喫し、その過程で英仏などと天津条約・北京条約を結びます。敗北の翌年、総理各国事務衙門《そうりかっこくじむがもん》（略称「総理衙門」）と呼ばれる対外交渉機関を清は設置します。三〇年ほど前の高校世界史教科書にはあまり出てきませんでしたが、いまはだいたい出ているようです。この総理衙門は対外交渉だけでなく、洋式武器の西洋からの購入や欧米への留学生派遣なども含めた、西洋とのやり取り全般（これを「洋《よう》務《む》」といいます）を担当する役所でした。

この総理衙門が設置した外国語学校（京師同文館《けいしどうぶんかん》、一八六二年設立）の教師・校長（総教習《そうきょうしゅう》）にもなるウィリアム・マーティン（漢名は丁韙良《ていいりょう》）という人物がいます。もともと宣教師として中国にやってきたアメリカ人です。このマーティンが中国人と協力して、十九世紀前半にアメリカで出版された国際法の入門書を漢文に翻訳し、総理衙門の許可をえて出版します。これが『万国公法《ばんこくこうほう》』という本です。一八六〇年代半ばに刊行され、清の官僚・知識人たちはしばらくはこの本をとおして西洋の国際関係のルールを学び、そして自らも活用できる部分は活用していこうとします。

漢訳『万国公法』

アメリカ人の国際法学者ホイートンが著した*Elements of International Law*(初版1836年)を、マーティンが複数の中国人と協力して翻訳したもの(底本は1855年版)。マーティンがこの訳業に取り組んだ動機には、西洋国際法の思想的側面を中国に紹介することが、人類普遍のキリスト教精神を伝えることにもなるという意識、つまり宣教活動の一部であるという意識があった。ホイートンの原著は自然法学を基礎としながら、当時影響力を強めていた実定法学《じっていほうがく》の成果も積極的に取り入れたものだった。しかし、マーティンらの漢訳は「性法」「天理」「自然之法」などの語を多用することで、原著以上に自然法学の色彩が強調されていた。このことは、普遍的な宇宙の原理や人間の本性を追究する儒学(とくに朱子学)の「性《せい》理《り》」思想とあいまって、中国のみならず日本においても『万国公法』が世界を規律する普遍的法規範として受容・認識されていく要因にもなった。

ウィリアム・マーティン(1827〜1916)

総理衙門が設置した外国語学校である京師同文館の教師・校長。1850年にアメリカから中国に渡り、69〜94年まで25年にわたり京師同文館で国際法を教えた。義和団事件後、いったんアメリカに帰国したが、1908年に中国に戻り、16年に北京で死去した。

公使・領事の海外派遣と国際法・外交文献の翻訳・出版

西洋外交に対する態勢の整備は国内だけではなく、一八七〇年代半ばになると、外国に常駐する外交使節を海外に派遣するようになります。こうした常駐外交使節ももともと西洋の外交制度で、中国はそれを導入・活用したわけです。清が派遣を開始した常駐外交使節は大使ではなく、その一ランク下の公使ですが、清はこれを「出使欽差大臣《しゅっしきんさ》」と呼び、勅命によって皇帝が直接派遣する形式をとりました。派遣先はイギリス、フランス、日本、そしてアメリカ(スペイン、ペルー駐在も兼任)、少し後にドイツやロシアにも派遣するようになります。

そして公使とほぼ同時期に、領事も海外に設置するようになります。最初に設置したのは当時イギリス領だったシンガポールです。東南アジアは中国系のいわゆる華僑《かきょう》・華人《かじん》が多くいますが、シンガポールは当時も華僑・華人がとくに集まっているところでした。清はかれらの保護などを目的に領事を置きました。そして日本にも横浜、神戸、長崎、のちには函館・新潟にも清の領事が置かれました(正式な名称は理事官ですが、領事と同等とされました)。先ほど述べた日清修好条規の規定に基づき、日清開戦まで清は日本で領事裁判権を行使していきます。また、清は日清戦争後に大韓帝国と改称した朝鮮半島でも領事裁判権を行使しますが、こうした東アジア諸国間における領事裁判権の行使の意味については、あとで述べたいと思います。

シンガポールや日本以外に、清はアメリカやペルー、そして当時スペイン領だったキューバにも領事を派遣します。これは当時、現地華僑への虐待・迫害事件が多発していたことを受けて、その保護活動をおこなうことがおもな目的でした。これらの地域では条約上の規定もないため、もちろん清は領事裁判権を行使していません。ただキューバへの領事派遣が検討された際、清はスペインに対して領事裁判権の行使を要求したこともありました。

公使や領事を海外に派遣するようになると、いよいよ実際に欧米や日本において「近代外交」を日々実施していくことになります。そうなると、先ほどふれた国際法入門書の中国語訳である『万国公法』だけではまったく足りなくなってきて、国際法や西洋外交についてよりくわしく書かれた欧米の書籍を中国語(漢文)に翻訳して出版する必要が出てきました。そうして一八七〇年代半ば以降に中国で出版されたのが『公法便覧《こうほうびんらん》』(**図3**)、『公法会通《こうほうかいつう》』などです。これらは欧米で出版された国際法・外交文献の翻訳本で、前述した総理衙門所属の外国語学校である京師同文館で、校長であるマーティンを中心に、中国人

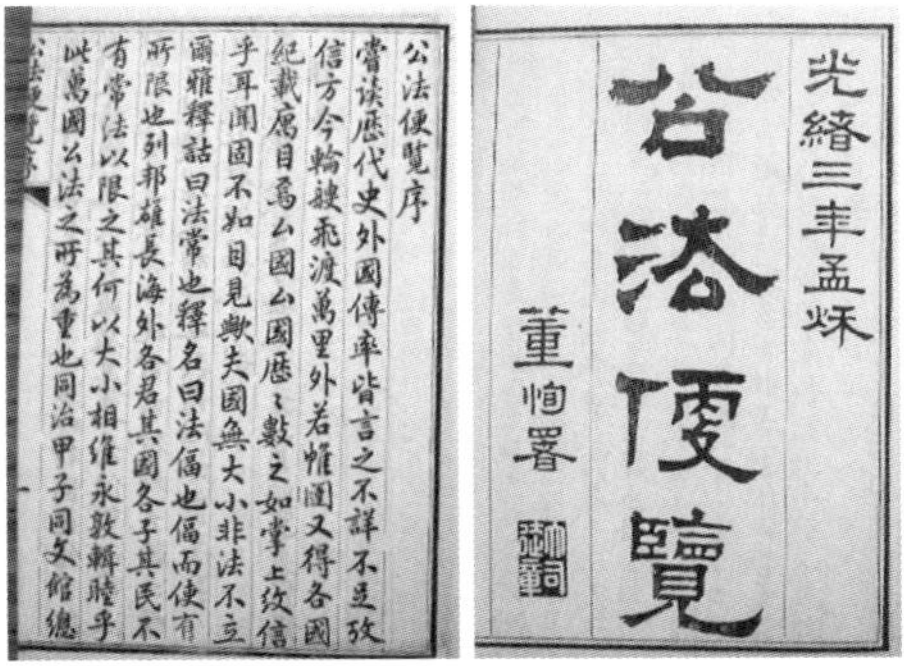

図3　『公法便覧』 東京大学東洋文化研究所所蔵

たちと共同で翻訳・出版したものでした。

清・朝鮮間の「章程」と「領事裁判権」

日清戦争以前の日本と清は、修好条規に基づいて領事を相互派遣し、領事裁判権を行使しあっていたことは前述したとおりです。では、当時東アジアに存在したもう一つの「国家」朝鮮（のち大韓帝国）と清の間ではどうなっていたのでしょうか。

日清戦争の結果結ばれた下関条約（日清講和条約、一八九五年）によって、清は朝鮮が「完全無欠の独立自主の国」であることを認めます。つまりそれ以前、清は朝鮮を「属国」としてあつかっており、朝鮮側も清の冊封を受け、清に朝貢するという意味において、清の「属国」であることを容認する姿勢をとっていました。清の「属国」だった朝鮮が「独立」にいたるまでの諸相、とくに朝鮮側の主体的な動きについては第三章を参照していただきたいと思いますが、ここでは領事の派遣や領事裁判権の行使との関わりにしぼってみておきます。

一八八二年、清と朝鮮との間で「商民水陸貿易章程《しょうみんすいりくぼうえきしょうてい》」という取決めがなされます。この中で清は朝鮮の主要港に「商務委員」を設置することが規定されます。職務の面でほぼ領事に相当するものですが、領事という名称は使いませんでした。領事というのは西洋諸国のような「条約」関係にある国との間だけで用いるものと考えたためです。そもそも朝鮮は清の「属国」であるため、清・朝鮮間の取決めも「条約」という言葉は決して使わず、「章程」といっています。

ちなみに、前述した日清修好条規でも、領事を「理事官」と表記し、条約といわず「条規」と呼んだのも、日本を清の「属国」とはみなさないまでも、その一方で、日本との関係を西洋諸国とのそれとは異なるものとして表現しようとしたからでした（「条規」という名称も含めて、日清修好条規の草案は清側から提示されたものに基づいています）。

話は戻りますが、商民水陸貿易章程では、清・朝鮮の商務委員は互いに派遣できることになっていましたが、清側の商務委員のみ朝鮮にいる中国人への裁判権をもつことになっていました。そして実際に清の商務委員は朝鮮で裁判権を行使しました。名称は領事ではありませんが、清は朝鮮に対して、片務的な領事裁判権を行使している状態だったわけです。これはのちの言い方でいえば、完全な「不平等条約」です。「上国」である清の民が「属国」である朝鮮の裁判に服することはありえないという論理によるものでした。

それが変化するのが一八九四年の日清戦争の勃発です。日清修好条規と同じく、清・朝鮮間の商民水陸貿易章程も日清戦争の勃発によって（親日政権となった朝鮮側により）破棄されました。その後、下関条約によって清は朝鮮の「独立」を認めることになり、その四年後の九九年に、かつて「属国」だった韓国（九七年に朝鮮から大韓帝国に改称）との間に清韓通商条約を結びます。これは前述したとおり対等条約で、領事裁判権も相互に認めあう形になっています。その点は、当時すでに破棄されていた日清修好条規と類似の条約を、日清戦争後に対等になった清と韓国の間で結びあうことになったわけです。

「領事裁判権の相互承認」という特異な状態が生まれた背景

日清間においては、先ほど少しふれたとおり、日清開戦で修好条規が破棄されていたため、下関条約の翌年（一八九六年）に修好条規にかわる新たな取決めとして日清通商航海条約が結ばれます。そこでは、日本のみ中国での領事裁判権をもつことになりました。清側はこの条約交渉の中で、日清戦争前の修好条規時代と同様に、清も日本での領事裁判権を行使することを要求するのですが、日本が勝利し清が敗北している状況の中で、日本側が当然認めるはずもありませんでした。こうして日清間では日本が上位となる「不平等条約」が結ばれることになります。

領事裁判権といえば、中国や日本が西洋から押しつけられたものという印象が強いのですが、ここまでみてきたとおり、中国や日本も外国で領事裁判権を行使していたことがありました。日本は一八七六年の日朝修好条規において、朝鮮に対して片務的な領事裁判権を有していましたが、修好条規の締結から日清戦争前までの日清間、通商条約の締結から清滅亡（一九一二年）までの清韓間では、領事裁判権を双務的つまり互いに認めあうということをしていました。領事裁判権を行使しあうという点で、形式上は対等・平等といえますが、このような相互承認という状態は西洋国際社会ではみられないもので、十九世紀後半から二十世紀初頭の東アジアにおいて一時的にみられたきわめて特異な国際関係の形態だったといえます。

もともと一八七一年の日清修好条規に領事裁判権の相互承認の規定が入ったのは清側の提案によるものですが、締結交渉で日本側はとくに難色を示していませんでした。明治維新まもない一八六九年に、維新の立役者であった岩倉具視が領事裁判権を受け入れること自体を屈辱とする認識を示していたことはありますが、七一年の修好条規締結時点では、相互規定であれば対等・平等であり問題ないとする考えが外務省にもまだあったようです。日清間の修好条規締結直後に岩倉使節団が派遣され、アメリカに条約改正を打診して失敗に終わりますが、このときにはすでに領事裁判権自体を問題視する認識は日本政府の中で共有され始めていました。

しかし、その時点では日清修好条規はすでに締結されており、いわば「後の祭り」でした。その後、欧米との条約改正

岩倉使節団(1871〜73年)　条約改正の予備交渉と欧米視察のため、約1年10カ月かけてアメリカ・ヨーロッパの12カ国を巡回した。

交渉が進む中、もし欧米との条約上において領事裁判権を撤廃させたとしても、清の領事裁判権が残っていることで、最恵国待遇が適用されてしまう状態をさけるため、日本は清側の日本での領事裁判権のみ撤廃させようとしますが、清側が応じるはずもありませんでした。清側の領事裁判権だけ撤廃させようとしたのは、日本側が中国において欧米と同等の権利をもつことにこだわったためですが、このような〝無理〟な要求は結局、日清戦争の勝利によって実現することになります。

東アジアにおける「領事裁判権」撤廃への道

一八九九年に締結された清韓通商条約は、前述のとおり、領事裁判権を相互に認めあう点では日清修好条規と類似のものでしたが、日清修好条規とは異なる新たに追加された点がありました。それは「今後両国政府が法律と裁判制度を整え、現在お互いに服しがたいとしている部分がすでに除去されたとみなせば、両国の官員が相手国において自国民を裁判する権利を回収することができる」という文言です。これはいわば領事裁判権撤廃の予約規定ともいえるものでした。

では、なぜこのような領事裁判権撤廃の予約規定が清韓間の条約には設けられていたのでしょうか。清は日清戦争の敗北の結果、朝鮮の「独立自主」を認めたことを受け、清韓通商条約ではすべての条文が「対等」になるように規定されました。清は日清戦争前と同様に韓国での領事裁判権をえようとしますが、中国での欧米・日本の領事裁判権を撤廃させる動きはまだ起きていませんでした。そうした中、対等条約とするために領事裁判権を相互承認するという選択がとられたわけです。しかし、ちょうど同じ年に日本では外国人居留地の廃止と同時に領事裁判権の撤廃が実施されており、これが「進むべき道」という認識は中国・韓国でももたれ始めていました。このように、日清修好条規が結ばれた一八七〇年代初めと清韓通商条約が結ばれた一八九〇年代末では、東アジア諸国における領事裁判権や条約体制に対する見方、さらにいえば国家観・外交観が大きく変化していました。あのような領事裁判権撤廃の予約規定が設けられた背景には、こうした時代の変化がありました。

清韓通商条約が結ばれた翌年（一九〇〇年）、近代中国最大の排外運動ともいえる義和団事件が起き、それをきっかけに清は欧米・日本の八カ国連合軍と交戦することになります（義和団戦争）。清はこれに敗北し、ちょうど四〇年前の第二次アヘン戦争時と同じくふたたび首都・北京が占領されることになり、北京議定書（中国では辛丑和約）が翌〇一年に結ばれます。ここで清は多額の賠償金を支払うことになり、また列国は北京とその周辺に軍隊を駐留させる権利をえることになりました。清はその翌年からイギリス・アメリカ・日本との間で新たな通商条約を締結します。イギリスとはマッケイ条約（清英通商航海条約、〇二年）が結ばれ、

八カ国連合軍

日本・ロシアを中心にイギリス・フランス・アメリカ・ドイツ・オーストリア・イタリアが共同出兵し、北京を占領した。

中国における片務的な領事裁判権は継続することにはなりますが、清韓通商条約と同様に、領事裁判権撤廃の予約規定も挿入されました。翌年のアメリカ、日本との条約にも同様の規定が入ります。しかし、実際に中国での領事裁判権が撤廃されるのは、前節でみたとおり、第二次世界大戦を待たなければなりませんでした。

領事派遣や領事裁判権の行使は西洋の条約体制・外交制度の活用といえるものです。ただ東アジアでは、西洋にはみられない領事裁判権の相互承認という状態が生まれました。これは西洋での裁判管轄の運用実態をはじめはよく知らなかったために生じたという側面もありますが、中国・日本が西洋の条約体制・外交制度を受容する過程で、西洋生まれの制度を独自に解釈し、中国・日本・朝鮮という当時の東アジア三国の国家間関係のあり方(対等、属国など)にあわせて活用したものだったともいえるでしょう。これも東アジア諸国が西洋近代の国際関係や条約体制を受容・活用していく一つのプロセスだったわけです。

以上みてきたように、中国は二つのアヘン戦争での敗北を受け、総理衙門という対外交渉機関を設け、欧米の国際法・外交文献を翻訳・出版して西洋外交を吸収・活用しようとしました。また公使・領事を海外に派遣したり、領事裁判権を周辺国で行使するなど、西洋近代の外交制度を導入し、東アジアにおけるパワー・ポリティクスの中で自国が有利になるように、こうした制度・体制をむしろ積極的に活用していきました。東アジア諸国と近代世界を考えるうえで、こうした点にももう少し目を向けてもよいのではないでしょうか。

4 「西洋」への対応をめぐる東アジア諸国における連鎖と相互作用

中国の漢文書籍をとおして日本は最新の世界情勢を知った

東アジアの「近代」といえば、日本が先に西洋化し、中国・朝鮮は出遅れたというイメージがあると思います。また、まっ先に西洋化を成し遂げた日本が、中国や朝鮮にそれを一方的に教えたというイメージも強いと思います。本当にそうだったのでしょうか。ここではこうした点をたどってみたいと思います。

明治維新は一八五三年のペリー来航を機に高まった対外危機と、それに十分に対応できないとみなされた江戸幕府の権威の動揺と崩壊によってもたらされたといわれます。そうした対外的な危機に対応しようと、日本ではさまざまな階層の人々がさかんに「世界の知識」を求めました。そうした日本の人々がまず手にとったのは、実は欧米の書籍ではなく、漢文で書かれた中国の世界地理書でした。地理書とはいっても、政治状況なども含めた当時最新の世界情勢が紹介されているものです。

よく知られているように、江戸時代後期の日本では、武士はもちろん農民や町人の中にも漢学の素養が備わっていた人々がかなりいて、対外危機の高まりを受けて、彼らは当時最新の世界情勢を中国からもたらされた漢文書籍をとおして吸収することができました。長い「鎖国」によって、一部の蘭学者以外は欧米言語にほとんどふれることがなかった多くの日本人は、欧米書籍から世界情勢を知ることはほぼ不可能でした。一方、朱子学の奨励などもあって、漢文の素養を身につけていた日本人は、漢文書籍をとおして世界情勢を知ることができました。

ただなぜこのとき、日本人の需要を満たすような最新の世界地理書が中国にあったのでしょうか。それは第一節でもとりあげたアヘン戦争があったからでした。イギリスとのアヘン戦争とその敗北によって、中国の一部の知識人には最新の世界情勢への需要が高まり、『海国図志《かいこくずし》』や『瀛環志略《えいかんしりゃく》』などの漢文の世界地理書・世界情勢書が出版され広まりました。

中でも日本にもっとも影響をあたえたといわれているのが『海国図志』だったことをご存じの方も多いでしょう。アヘン戦争でイギリスと対峙した清の大臣だった林則徐《りんそくじょ》とも親しかった魏源《ぎげん》という知識人が編纂《へんさん》したものです。世界各国の地理や政治について書かれた本ですが、それが中国で編集・出版され、幕末日本における西洋知識の吸収、そしてそれに基づく日本での危機意識の拡大に大きく寄与したわけです。

この点は歴史教科書でもすでに言及しているものが多いので、たとえば、西郷隆盛を描いたNHK

『海国図志』

欽差大臣・両広総督を罷免された林則徐の依頼を受けて魏源が編纂した海外事情紹介を含む世界地理書。林則徐がまとめた『四洲志《しじゅうし》』など漢訳された欧米の地理書や歴代の歴史書・地理書に載る外国に関する記述を編集し、各地域の地図を付したほか、自強策も記されていた。1842年に50巻本、47年に増補して60巻本、52年に再増補して100巻本となった。序文に記された「夷(外国)の長技(得意な技能)を師とし夷を制する」という言葉はとくに有名。

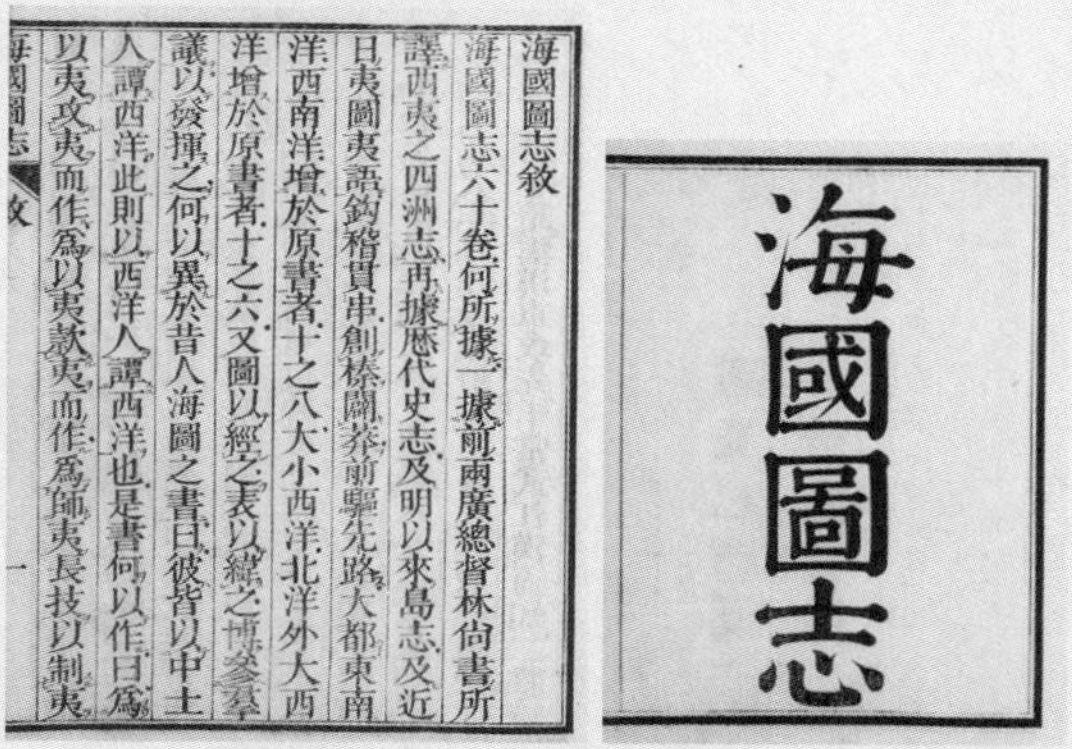
海國圖志

海國圖志敘
海國圖志六十卷何所據一據前兩廣總督林尚書所
譯西夷之四洲志再據歴代史志及明以來島志及近
日夷圖夷語鈎稽貫串創榛闢莽前驅先路大都東南
洋西南洋增於原書者十之八大小西洋北洋外大西
洋增於原書者十之六又圖以經之表以緯之博參羣
議以發揮之何以異於昔人海圖之書曰彼皆以中土
人譚西洋此則以西洋人譚西洋也是書何以作曰爲
以夷攻夷而作爲以夷款夷而作爲師夷長技以制夷

海國圖志 敘 一

図4　『海国図志』嘉永7(1854)年翻刻本、校訂／塩谷宕陰・箕作阮甫　早稲田大学古典籍総合データベース

『瀛環志略』

1849年に徐継畬《じょけいよ》が著した10巻本の世界地理書。「瀛」は大海という意味で、「瀛環」は全世界をさす。徐は1842年には福建省の民政・財務長官(布政使)となり、南京条約により開港した廈門《アモイ》・福州の貿易事務を管轄し、欧米人とも交流した。そうした経験をもとに完成したのが『瀛環志略』である。西洋地理の記述は『海国図志』よりも正確で、各地域の地図も付されている。1870年代半ばから欧米に派遣された清の公使たちも、渡航にあたりこの本を読んでいたことが、彼らの日記にも記されている。

の大河ドラマ「西郷《せご》どん」(二〇一八年)でも、若き日の大久保利通がこの『海国図志』を入手して大喜びするシーン(第五話)が描かれています(ただ、そのシーンに出てきたのは一冊だけでしたが、実際の『海国図志』〈一八五二年版〉は一〇〇巻本なのですが)。このように、中国で編集・出版された『海国図志』のような本が日本に大きな影響をあたえたということは、最近ではわりとよく知られており、ドラマなどにもとりいれられています。

先ほど当時の日本人の多くは漢文の素養があったので、漢文の世界地理書でも読めたということを述べました。ただ、やはり広く日本人に読ませようとすれば、現在の日本の中学校・高校の「国語」でも教えられている訓点(返り点や送り仮名)をつける必要がありました。そして、中国から入ってくる書籍には数に限りがあるので、需要があれば「増刷」する必要も出てきます。そのため「翻刻《ほんこく》」という作業がおこなわれることになります。

翻刻とは写本、版本《はんぽん》、外国の本などを木版や活版などで新たに起こして再製し刊行することで、とくに外国で刊行された本を日本で複製したものを翻刻本といいます。当時の本は版木で印刷した紙を袋とじにしているので、それをバラした紙から版木をつくり直してしまえば複製はわりと簡単です。外国書籍の版権・著作権が問題となることもまだありませんでした。漢文書籍であれば、その翻刻の際に日本人が読みやすいように訓点をほどこすことが多かったわけです。

図4はそうしてつくられた『海国図志』の翻刻本の一つです。これは嘉永七年、つまり一八五四年

の翻刻ですから、一〇〇巻本の『海国図志』が中国で出版された五二年の二年後という、わりと早い時期にもう日本に入ってきて、翻刻本が出まわったことになります。

中村正直も漢文書籍をとおしてアメリカ合衆国を学んだ

『海国図志』はよく知られていますが、それ以外にも先ほどあげた『瀛環志略』などいろいろな漢文の世界地理書が実は日本に入ってきており、日本人の意識に大きな影響をあたえました。もう一つ例をあげると、ブリッジマンという中国にやってきたアメリカ人宣教師が、漢文で書いたアメリカ合衆国のガイドブックがあります。これを『聯邦志略《れんぽうしりゃく》』または『大美《だいび》聯邦志略』といいます。

図5はその文久元年つまり一八六一年の翻刻本ですが、上海で同書(増訂版)が出版されたのは同じ年なので、中国で出版されてまたたく間に日本にもたらされ、翻刻されたことになります。日本側の西洋事情に対する需要がいかに高かったかがわかりますが、具体的にどのように読まれたのか、一例をみてみましょう。

明治前期の啓蒙思想家・教育者で『明六雑誌《めいろくざっし》』の主要メンバーとしても著名な中村正直《なかむらまさなお》(号は敬宇《けいう》)の旧蔵書の一部が、三菱の岩崎小弥太《いわさきこやた》が設立した東京都世田谷区にある静嘉堂《せいかどう》文庫に収蔵されています(付属の美術館のみ二〇二二年に千代田区丸の内に移転)。その中には『聯邦志略』も含まれていますが、それは日本で出された翻刻本ではなく、上海で一八六一年に出版された版本で、実物を閲覧するために以前、静嘉堂文庫を訪れたことがあります。

実物をみてちょっと驚いたのが、天(上部)の余白部分に多くの墨書の書き込みがあったことです(図6)。現存する中村自筆の書と筆跡がよく似ているので、おそらく本人によるものでしょう。中村がこの本を読んで書き込みを入れたのは一八六二年(文久二)だとわかる記述も確認できます。中村はもともと幕府に仕える漢学者でしたから、翻刻本ではなく中国から入っていた原本を入手することができ、また訓点なしでも読むことができたわけです。つまり、中村は漢文書籍の『聯邦志略』をとおしてアメリカ合衆国について熱心に勉強していたことがうかがえます。

そもそも、これらの漢文書籍を著した中国の知識人は、中国自身に危機意識をもたせたかったはずです。しかし一部の知識人をのぞき、とくに第二次アヘン戦争以前においては、中国の広範な知識人に期待したほどの影響をあたえることはありませんでした。むしろ、東アジアの普遍的ツールともいえる漢文書籍をとおして、それを理解しえた多くの日本人を大いに刺激することになり、明治維新へと向かう日本の近代化に少なからぬ影響をあたえることになりました。こうして近代化した日本がやがて中国の強敵・仇敵となることは、歴史の皮肉ともいえます。

『万国公法』の日本への影響と日本の国際法の多元性

第一節では西洋近代の国際秩序を、第二節では条約体制や西洋の外交制度をとりあげましたが、そ

『聯邦志略』

アメリカ人宣教師のブリッジマン（漢名は裨治文）著。「聯邦」は連邦、つまりユナイテッド・ステイツ、「大美」はアメリカのことで、いまの中国語でも米国は「美国」と書く。漢文の書籍だが、もともとはアヘン戦争直前の1838年に英領シンガポールで『美理哥《アメリカ》国志略』というタイトルで刊行されたのが初版で、44年には英領になってまもない香港で『亜美利格《アメリカ》合省国志略』というタイトルで再刊された。それらは林則徐や魏源にも影響をあたえ、『海国図志』や『瀛環志略』に載っているアメリカ情報の多くは同書からの引用である。その後、第二次アヘン戦争直後の1861年に、地図や統計表も加えた増訂版が上海で出され、このときタイトルも『聯邦志略』となった。この増訂版が中国はもちろん、日本のアメリカ認識にも大きな影響をあたえていくことになる。

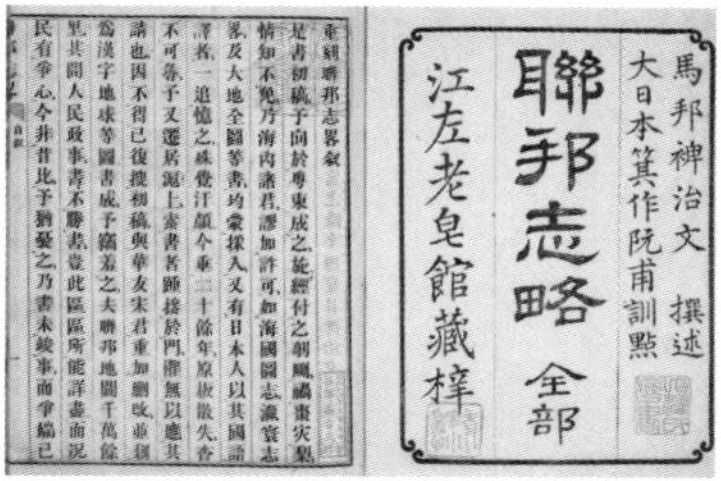

図5 『聯邦志略』文久元(1861)年翻刻本、訓点／箕作阮甫 早稲田大学古典籍総合データベース

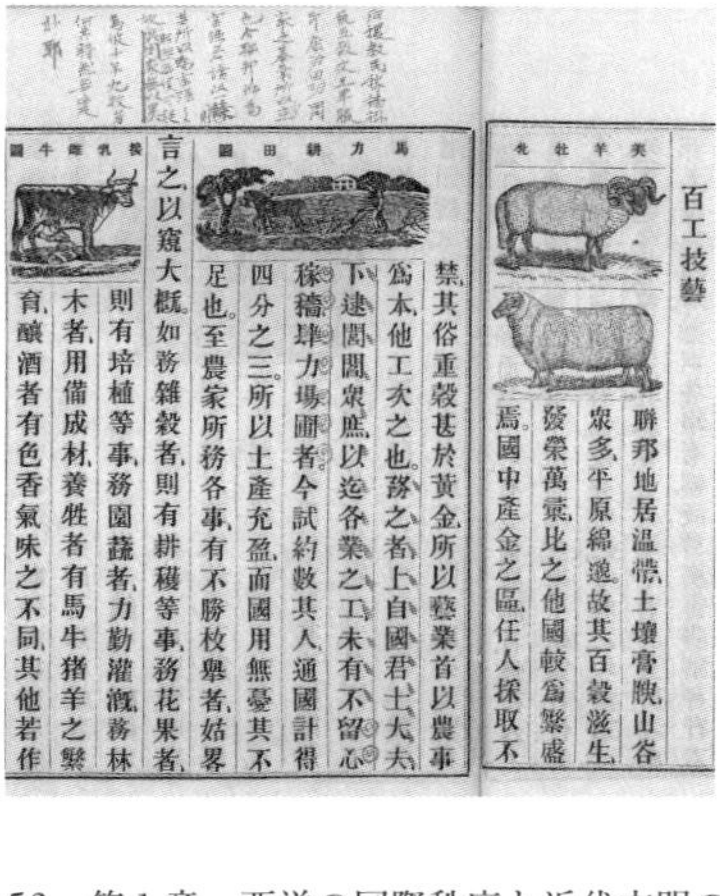

図6 『聯邦志略』咸豊11(1861)年刻本 静嘉堂文庫所蔵
余白部分には中村正直の手によるものと思われる書き込みが残る。

の中でも出てきた『万国公法』の日本への影響について、ここではもう少し違った角度からみてみましょう。アメリカで出版された近代国際法の入門書を漢訳した『万国公法』は、アメリカ人のマーティンが中国で翻訳・出版したものでした。これは一八六四年に翻訳・編集されて版木づくりもおこなわれ、翌六五年に実際に書籍として刊行されたものでした。そしてその年のうちにすぐに日本にも入ってきて、江戸幕府の学校だった開成所で翻刻がおこなわれます。

図7の右側は、その翻刻本の書名や出版地・出版年などを書いた「刊記」と呼ばれる部分ですが、真ん中には篆書《てんしょ》体で「万国公法」と書名が書いてあり、その右側に「同治三年」と書かれています。これは一八六四年にあたり、この版木がつくられた年をさします。それで同書はよく一八六四年出版といわれ

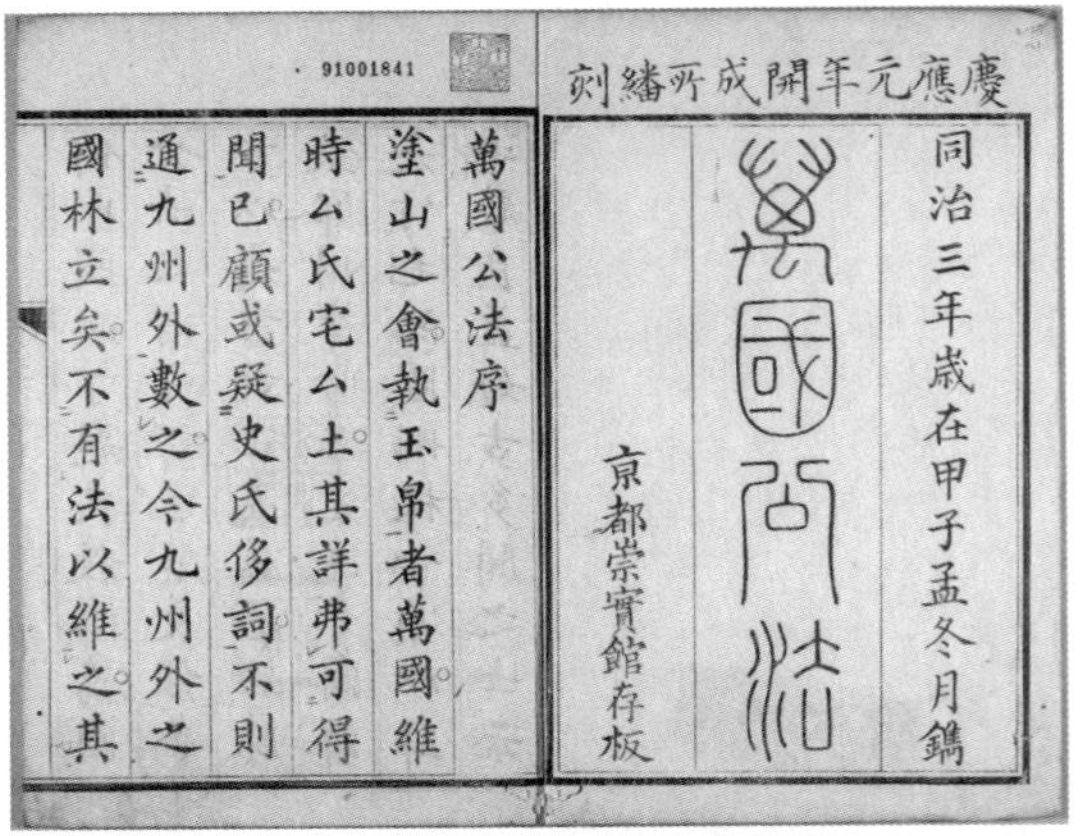

図7 『万国公法』慶応元(1865)年開成所翻刻本
京都大学貴重資料データベース

ますが、実際に書籍として出まわったのは翌六五年初めのようです。「万国公法」とある左側に「京都」と書いてありますが、これは日本の京都ではなく、中国史では「けいと」と読み、たんに首都の意味で、当時は北京をさしました。その北京にあった崇実館《すうじつかん》というところから出版されたということになります。

ただ天の部分には(右から読んで)「慶応元年開成所翻刻」と書かれています。慶応元年は一八六五年にあたり、開成所は幕府が六三年に開設した洋学の教育研究機関(東京大学の前身の一つ)です。つまりこの本は、中国・北京で出版されたばかりの『万国公法』を開成所が入手して翻刻し、国際法を学ぶための教科書として使ったものでした。左頁の「序」の本文をみてもわかるとおり、日本人にも読みやすいように返り点がつけられています。

このように『万国公法』は翻刻本や訓点本がいち早く日本でもつくられて出まわり、しばらくすると、訓点をほどこすのではなく完全に日本語に翻訳した和訳本も一八七〇年代にかけてあいついで出版されていきます。七〇年代はすでに明治初年に入っています。つまり、日本に最初に入ってきた国際法、幕末から明治初めにかけて日本人に多く学ばれた国際法は、中国で漢訳・出版された本だったわけです。言い換えれば、中国で翻訳・出版された本が日本で国際法を知る最初の窓口になったということです。

そして、たんに最初だったというだけでなく、翻刻本・和訳本が現代にも多く残されているところなどをみれば、『万国公法』が当時の日本で大きな反響を呼び、日本人が西洋国際法をはじめて学ぶのに大きな貢献をはたしたといえるでしょう。それはもともとマーティンによる漢訳本の書名だった「万国公法」が、明治中期以降「国際公法」や「国際法」に取って代わられるまで、日本におけるインターナショナル・ロー(international law)の一般的な呼称として使われ続けたことからもわかります。

ただその一方で、明治前期における日本の国際法理解は中国から入ってきた漢訳『万国公法』だけに依拠していたわけではありませんでした。『万国公法』が日本に導入されたのとほぼ同時期に、幕府は西周《にしあまね》たちをオランダに留学させ、彼らは帰国後にヨーロッパで直接学んだ国際法を『畢洒林《フィッセリング》万国公法』として、一八六八年(明治元)に日本語で出版しています。これは西たちがオランダの大学で学んだ講義ノートを日本語に翻訳したものでした。

このように明治初期の日本には、中国から導入された漢訳本『万国公法』と、欧米言語から直接翻訳された『万国公法』という多義的・多元的な国際法知識・国際法観が併存していたということができます。

西周(1829〜97)

津和野藩(現在の島根県)の出身。1862年(文久2)幕府最初の西洋への留学生としてオランダに渡り、ライデン大学のフィッセリング教授のもとで法学・経済学を学んだ。明治政府で軍制の確立に尽力する一方、啓蒙的思想団体「明六社」にも参加。著書『百一新論』で、「フィロソフィー」を「哲学」という造語で訳したことでも知られる。

明治維新もたんなる全面的な西洋化ではない

明治維新といえば、「文明開化」のイメージが強く、西洋文明をほぼ全面的に受容・導入してきたと思われがちです。ただ決してそんな単純なものではなかったことは、日本近代史を少しでも深く掘り下げて学んだことがあれば、自明のことでしょう。ここではいくつか例をあげることにします。

一つ目は元号です。現在の元号は令和、一つ前は平成、その前は昭和で、筆者はいわゆる「昭和生まれ」です。いまの日本人にとって、元号で「時代」を画し、天皇がかわれば元号も変わるというのはあたりまえになっていますが、これもそれほど古くからおこなわれていたことではありません。現在のいわゆる一世一元制、つまり一人の君主につき一つの元号という形は、日本では明治以降に始まったことはよく知られているかと思います。

ただ、この一世一元制が中国王朝にならったもので、中国では明の初代皇帝・洪武帝《こうぶてい》(在位一三六八～九八)以降に始まったものであることは、世界史に精通した人でなければあまり意識されることはないでしょう。明治以降の天皇制国家、天皇主権の国家体制は、絶対的な権威と権力を兼ね備えた中国王朝の皇帝制度においておこなわれていた手法を、部分的ながらも模倣・導入することで確立された側面があるわけです。

二つ目は法律です。中でも明治前期までの刑法には中国法の影響が色濃く残っていました。明治政府が一八七〇年に最初に出した刑法「新律綱領《しんりつこうりょう》」は、中国法に基づいた江戸時代までの刑法を継承したものでした。その後、司法省が設置され、民法などはフランス法を手本にして編纂が始められますが、刑法については中国法に基づいた「新律綱領」が引き継がれました。

その後、一八八〇年になって旧「刑法」が成立しますが、その中でもやはり儒教思想に基づく項目が多くみられ、いわゆる「尊属殺人」は重罰化する、つまり親などを殺害した場合には通常の殺人より重い処罰を科すとする条項は、一九〇七年制定の現行「刑法」にも継承されました。この条項が五〇年ほど前の一九七三年に最高裁で違憲になるまで効力をもち続けたことは、よく知られています。

また、教育でも儒教思想の継承・導入がおこなわれています。一八八〇年の改正教育令では、次第に浸透しつつあった西洋由来の自由主義的な教育が逆に排除されることになり、自由民権運動がいささか行き過ぎているという意見もあって、仁義忠孝などの儒教道徳に基づく「修身」が導入されることになりました。さらに一八九〇年には教育勅語が発布されますが、そこにも儒教道徳に基づく家族観・国家観の色彩が濃厚に反映されていたことは、周知のとおりです。

「和製漢語」が中国で受け入れられたのはなぜか

第一節で「不平等条約」という言葉も和製漢語であり、その概念とともに日本から中国にもたらされた可能性が高いと述べましたが、ここでは「和製漢語」が東アジアの「近代」にあたえた影響、作用についてみておきたいと思います。

和製漢語（日本漢語）、つまり漢字を用いて日本で独自につくられた言葉（単語・熟語）は、漢文・漢語が日本で普及して以来ありましたが、ここでとくにとりあげる和製漢語は、もともと西洋言語からの翻訳語として、幕末・明治に大量につくられたものをさします。ただ、近代に直接つながる西洋言語からの翻訳語としての和製漢語の起源は江戸中期、『解体新書』の時代にさかのぼります。よく知られているとおり、蘭学者の前野《まえの》良沢《りょうたく》・杉田《すぎた》玄白《げんぱく》らがオランダ語の医学書を翻訳して出版したのが『解体新書』（一七七四年刊）ですが、翻訳にあたり、それまでの日本語には該当するものがない言葉が大量に存在したため、彼らは漢字を使って次々と造語していきました。頭蓋骨、神経などがその代表例です。

先ほどとりあげた西周が翻訳した『畢洒林万国公法』もそうですが、幕末・明治期になると、政治、法律、科学などの分野でも、さかんに西洋言語からの翻訳・出版がおこなわれるようになります。その中でも、もともと日本語にない言葉はさかんに造語されていきました。政治（politic）、経済（economy）、社会（society）、文化（cul-

和製漢語の起源

ture)など、われわれがふだん使う言葉もみなこの時期の和製漢語です。

現在でも、おもに社会科学・自然科学分野の語彙の多くは日本語・中国語で共通しています。およそ七割前後は共通ではないかと思いますが、その多くは一〇〇年以上前に、日本語書籍の中国語訳が大量に出版されて中国で広まったり、多くの中国人留学生が日本にやってきて、彼らが日本で身につけた和製漢語を帰国後に中国でも使うようになったりしたことで、中国語にどんどんとりいれられていったものでした。

ただ、こうした事実はいまの中国や日本でも、まだまだ自明のことにはなっていないようで、漢字が中国から日本に入ってきた(図8—❶)のだから、語彙のほとんども中国語から日本語にとりいれられたものだろうというイメージが強いのかもしれません。大航海時代の東アジアでは、西洋の知識や概念が中国を経由して日本に入ってくる流れもありました(図8—❷)。明代後期に中国でつくられた「坤輿万国全図《こんよばんこくぜんず》」という世界地図などをとおして、「亜細亜《アジア》」という言葉とその地理概念もこうした流れで日本に入ってくることになります。この中国経由の西洋知識の導入という流れは、先ほど述べた漢訳『万国公法』のように幕末までは確かに存在していました(図8—❸)。それが幕末・明治の日本で西洋言語の翻訳語として大量の和製漢語がつくられ、それまでとは逆に中国へ流入していくという流れに変わっていきます(図8—❹)。

潮目が変わったのはやはり日清戦争です。日本に敗北したことを受けて、中国の知識人たちはか

図８　中国・日本間の知識・概念の連鎖と相互作用

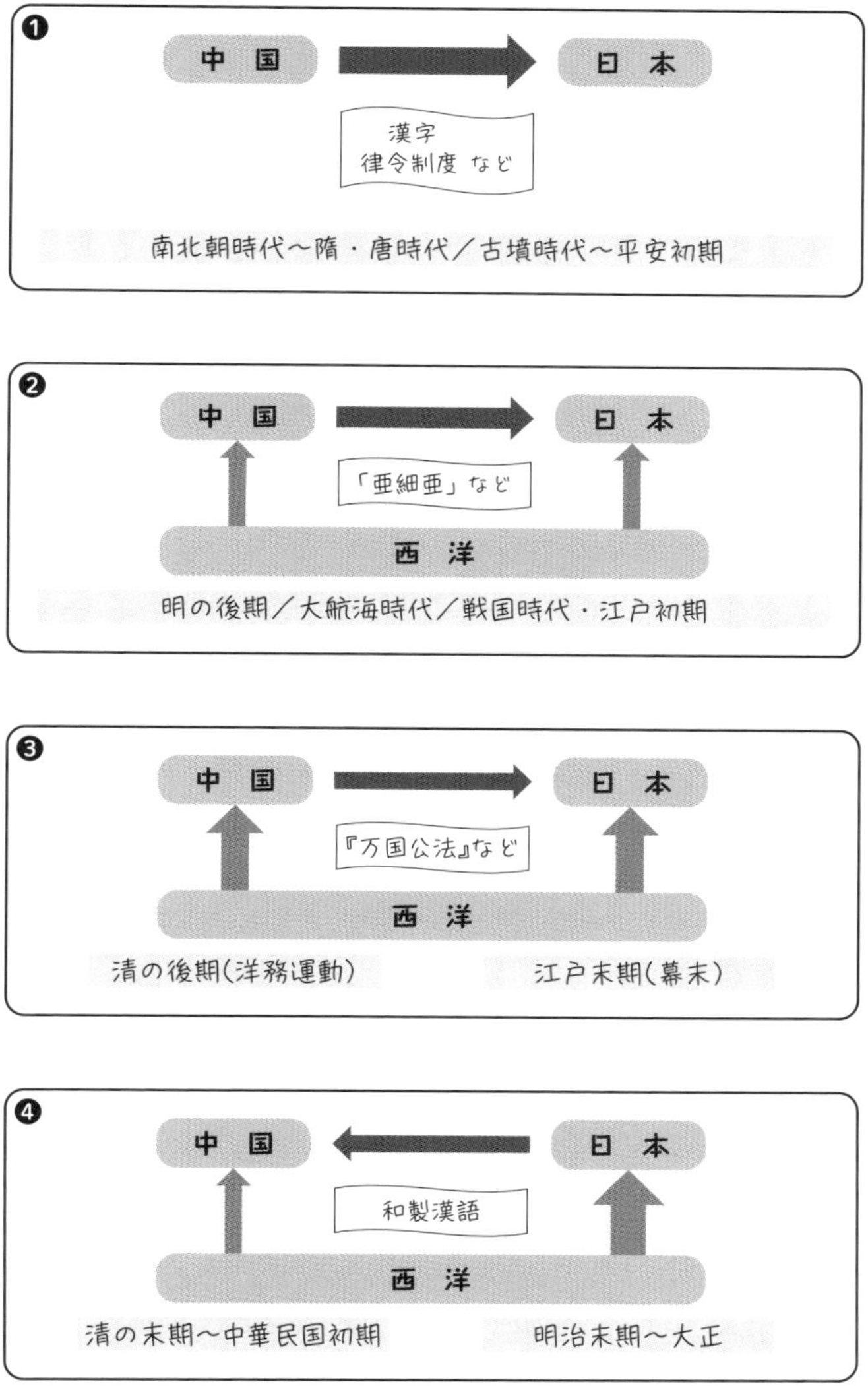

えって自らを打ち負かした日本から学ぼうとしました。日清戦争直後に起こった康有為《こうゆうい》らによる変法《へんぽう》運動がその初めの動きで、義和団事件をへて中国で始まった清末新政（光緒《こうしょ》新政）による本格的な近代化政策のもと、日本経由で西洋知識を学ぼうとする動きは奔流と化していきます。これが和製漢語が大量に中国語にとりいれられていった時代背景です。

東アジアの公共財としての「和製漢語」

和製漢語の多くは日本人が勝手に漢字を組みあわせてゼロからつくり出したものではありませんでした。西洋から入ってきた新しい観念や概念を、日本人が古くから習得していた中国古典の中に出てくる言葉や概念をうまく使って造語しました。たとえば economy の翻訳語をつくる際は、その原義に近い言葉として中国古典から「経世済民」という言葉を見つけ出し、「経済」という新たな漢語をつくり出しました。こうした和製漢語の多く、とくに政治・法律・経済など社会科学系の言葉の多くは、明治初めに西周、福沢諭吉、中村正直、中江兆民《なかえちょうみん》といった啓蒙思想家たちを中心につくり出されたものでした。とくに中村は、漢学の核心である儒教の諸観念は洋書の翻訳だけでなく、西洋の宗教や科学の精神を理解するのにも有効であると主張しています。和製漢語の創作には、中国古典とその精神に根差した深い漢学の素養が不可欠だったことを物語っています。

経済などはいまの中国語でもふつうに使われる言葉ですが、もともと中国古典を利用してつくられたということもあって、中国人も比較的受け入れやすかったわけです。一方で中国知識人も同時期に多くの翻訳漢語を生み出しました。たとえばsocietyの翻訳語として「人群」という言葉がつくられましたが、結局日本から入ってきた「社会」に淘汰されることになります。

また、和製漢語が中国に入ってきた当初は、中国の官僚・知識人の一部にはそれをいさぎよしとせず抵抗する人々もいましたが、継続的な動きにはなりませんでした。その一方で、中国で独自につくられた翻訳語が和製漢語に淘汰されずに現在でも使われ続けているものも一部あります。たとえばLogicの翻訳語は日本では「論理」ですが、中国では「邏輯《ルオジー》」といい、音訳にもなっています。

もちろん、日中共通の西洋言語からの翻訳語のすべてが和製漢語ではありません。熱帯・陪審・化学などは中国でつくられた翻訳語で、日本語にとりいれられたものといわれています。これらの多くは中国知識人だけによってつくられたものではなく、十九世紀前半から中国に来た西洋人宣教師らが中国人とともに造語していったものでした。それはもともと宣教師だったマーティンが中国人とともに『万国公法』を漢文に翻訳していった過程とも共通しています。ただ「化学」などは以前は和製漢語だとみなされていたこともありますが、造語の由来が明確でない場合、日中のどちらで最初につくられたのか、最初の用例がどちらにあるのかを研究者が確定する作業は、実際はそれほど容易ではありません。

そのほか、「領土」「主権」という言葉や概念も、和製漢語(日本漢語)をとおして中国は受容しました。もちろん十九世紀後半までにも、自国の領域に対する権利の意識は存在し、一八八〇年代、九〇年代にはフランスやイギリスとそれらの植民地となったベトナムやビルマとの境界画定交渉をおこなうなどしています。しかし、二十世紀初頭に「藩部」としていたチベットなどの支配のあり方をめぐりイギリスなどと交渉する中で、日本由来の「領土」や「主権」という言葉と概念を使って、中国は自国の支配権を主張するようになりました。こうして次第に中国は、明確な領土とその内側に主権をもつ国民国家・主権国家としての「中国」を意識・想定するようになったのです。そして、それが外国の侵略によって完全(中国語では「完整」)な状態を欠いているという現状認識を生み、ひいては領土と主権の「一体性」を強調する現在の中国政府の強い意識や姿勢につながっているともいえます。

さらにいえば、現在の韓国語・朝鮮語の中にも、日本・中国と共通の語彙が多くありますが、その多くもまた幕末・明治期に日本でつくられた西洋言語の翻訳語としての和製漢語です。韓国語・朝鮮語がわかる方、勉強したことがある方はご存じのとおりですが、韓国語・朝鮮語には漢字語と呼ばれる本来漢字で表記していた語彙があります。

現在は韓国でも北朝鮮でも表記上はほぼハングルを使い、漢字では書かないので、ハングルがわからない人にはわかりにくいのですが、十九世紀末以降、中国と同様に近代化政策の一環として日本から学びとった語彙が影響したことはもちろん、朝鮮半島の場合は、保護国化をへて日本に完全に併合されるという歴史があるため、その過程で日本語由来の言葉が大量に韓国語・朝鮮語にとりいれられることになったわけです。

こうした歴史的背景もあるため、近年の韓国では、韓国語の中の日本語由来、和製漢語由来の言葉を使うのをやめ、韓国語らしい言葉に変えていこうという動きも一部でみられます。もちろんそうした動きを、過剰なものとして反発、反対する人たちも多く、いまのところ奔流になっているわけではありません。ただ、こうした現代の動きを冷静にとらえるためにも、東アジアの近代に対する多面的な知識や複眼的な見方を備えておく必要があるでしょう。

このように和製漢語が中国語や韓国・朝鮮語にとりいれられたことは、いまでも東アジア諸国間で互いの言語を学びやすいものにしている側面があり、これは近代東アジアの営為が現代にもたらしている恩恵の一つといっていいでしょう。最近はあまりいわれなくなりましたが、中国のGDP（国内総生産）が日本を追い越した二〇一〇年前後には、日本のメディアでは中国での「パクリ」商品やキャラクターを批判する報道がよくみられました。これに対し一部の中国の人からは、「日本は漢字を中国からパクったではないか」という「反論」もあり、それに対して和製漢語の歴史を知っている日本人から、「中国は言葉を日本からパクったではないか」と言い返したという話を聞いたことがありますが、実に不毛な問答です。

先述したとおり、和製漢語はたんに漢字を使っているというだけでなく、中国古典の言葉をうまく利用してつくり出されたものも多くあります。そして、東アジアの国々、人々は和製漢語をとおして西洋近代を受容・体得していきました。つまり、和製漢語は東アジアが西洋近代に対応する過程で生み出した東アジアの共有財産、公共財といってもよいのではないでしょうか。東アジア諸国は和製漢語によって「近代」への適応を比較的円滑におこないえたという点を、ここでは確認しておきたいと思います。

5　西洋的国際秩序への挑戦!?

「中華世界秩序」「朝貢・冊封体制」の再評価

本章では、①西洋の国際秩序と近代文明に直面した中国がそれにどう反応・対応し、それによって中国自身がいかに変容していったのか、②その過程において日本の存在はどのような影響をあたえたのかをみてきました。最後に、こうした歴史をとおして、どのようにいまを知り現代を考えることができるのかをさぐってみたいと思います。

第一節でみたとおり、近代以前の中国の対外関係・世界秩序のあり方は「朝貢・冊封」を中心に成り立っていました。それが二つのアヘン戦争や日清戦争をへて、西洋の条約体制とのせめぎあいの結果、変容・解体し、二十世紀初頭には中国王朝としての清が滅亡します。その後、新たに生まれた中華民国は必ずしも安定的な統治体制をきずくことができず、日中戦争や国民党・共産党の内戦をへて、一九四九年に現在の中華人民共和国が成立します。しかし、この新国家も内政・外交ともに混乱をくりかえし、近代以来の課題である政治体制と国民生活の安定と繁栄をなかなか実現することができませんでした。

一九八〇年代〜九〇年代にかけて、天安門事件（一九八九年）での混乱はありながらも、高度経済成長を実現し共産党政権も比較的安定していきました。そして、二〇〇八年の北京オリンピックの開催をへた二〇一〇年、ついに経済規模では日本を上まわることになりました。こうして中国が「大国」化していく中、二十一世紀に入った頃から、かつては社会主義体制のもと、封建的として批判的なまなざしが向けられていた「朝貢・冊封」や中華王朝を中心とした世界秩序を、肯定的にとらえ直そうとする研究が中国の学界でふえ、一般社会にも徐々に浸透していきました。

「中華世界秩序（Chinese world order）」や「朝貢体制（Tribute system）」という言葉や概念は、第二次世界大戦後にアメリカの学界でJ・K・フェアバンクらが提唱したものでした。日本では濱下武志《はましたたけし》の「朝貢貿易システム」「朝貢システム」論が一九八〇年代〜九〇年代に流行し、中国の学界にも紹介されるようになりました。そうして先述のとおり、二〇〇〇年頃から中国でも、「中華世界秩序」「朝貢体制・冊封体制」論がさかんに紹介され、関連する研究が多く発表されました。

そうしたものの中には、近代以前の中国を中心とした世界秩序を、平和的でウィンウィンなものだったと肯定的にとらえるものも現れました。もちろん抑制的にとらえるべきという意見も存在します。莫翔《ばくしょう》という研究者は、前近代の中国を中心とした世界秩序を「天下《てんか》―朝貢体制」と呼び、そうした歴史的経験から、現代の「東アジア共同体」建設における中国の積極的な役割を論じていますが、その際、「中心化」や「等級化」は排除されなければならないと説いています。

こうした研究は、中国の名門・清華大学の国際問題研究所（現・国際関係研究院）が二〇〇六年から発行している国際政治学の英文雑誌（*The Chinese Journal of International Politics*）にもさかんに掲載されています。それは中国が世界に向けて展開するパブリック・ディプロマシー（公共外交）の一環であり、「中華世界秩序」論はこうした文脈で活用され始めているわけです。

歴史学者の多くは抑制的な見方を心がけていますが、欧米や日本のメディアなどでは、中国は「朝貢・冊封」体制の「復活」をめざしているのではないかといった議論も目にするようになりました。こうした議論を荒唐無稽、あるいは扇動的だとして、ただ排除したり忌避したりするのではなく、歴史をしっかりとふまえた上で、なぜこうした主張や危機意識が生まれてくるのかという点にも、向きあっていく必要があるでしょう。

アジアの国際法、アジアの国際秩序、アジアの盟主

二十世紀末からの中国の「大国化」にともなって、政治体制の違いも起因して、中国では、現在の

国際法や国際秩序は欧米がつくり上げたものであって、中国の大国化・強国化にしたがって、国際法や国際秩序も中国の論理や主張をとりいれて改編されるべきだという意識が強まっています。

歴史をひも解けば、同様の主張は日本にもみられました。第二次世界大戦中に日本の国際法学者がとなえた「大東亜国際法」理論です。これは東条英機内閣がとなえた「大東亜共栄圏」の建設に対応するために登場した理論で、日本国際法学会の若手・中堅メンバーが主導したものでした。その主張は、「指導国」(=日本)とその他の国家との間の「不平等」を許容するもので、主権国家間の対等を前提とする近代国際法とは矛盾するものでした。

明治維新以降、日本自身も西洋と対等の地位をえるため、数々の苦難をのりこえてきたはずでしたが、アメリカ・イギリスなどの欧米諸国と対峙し関係が決裂する一方、中国とは戦争状態が続く中で、こうした主張が出現することになりました。その理論は近代国際法を完全否定するものではなく、それとの整合性をできるだけ模索しようとしたものでした。彼らは決して単純な国粋主義者ではなく、西洋文明や近代外交も十分に熟知していましたが、日本を頂点とした「大東亜共栄圏」建設という時の政権の要請に、学者・学会としていかに応えるのかという葛藤を抱えていました。現在そして未来の中国にも、前提や条件の違いはあるにせよ、類似の葛藤が生じてくる可能性は十分にあるでしょう。

現在、中国政府・習近平《しゅうきんぺい》政権は「中華民族の偉大な復興」や「社会主義現代化強国」というスローガンを打ち出しています。そうしたスローガンのもと、中国は欧米による既存の国際秩序にかわる新たな国際秩序の構築をめざしているといわれます。習近平政権は成立まもない二〇一三年に巨大経済圏構想「一帯一路《いったいいちろ》」を打ち出しました。

その第一回の一帯一路サミットが二〇一七年に浙江省杭州《せっこうしょうこうしゅう》で大々的に開催され、習近平国家主席が世界から訪れる各国首脳を出迎える映像が中国国営テレビではくりかえし放送されました。当時これを「万国来朝」の再来と表現した中国のメディアもありました。「万国来朝」とは、中華皇帝の徳を慕って、世界各国から朝貢使節が皇帝のもとを次から次へと訪れることで、乾隆帝(在位一七三五～九五)による全盛期を迎えていた清代中期には、『万国来朝図』と呼ばれる無数の外国使節が朝貢のため北京を訪れる様子を描いた絵画が製作されました。実際には無数の各国使節が同時に北京を訪れることはないので、この絵画は一種のフィクションですが(この点は第二章も参照)、「万国来朝」を演出しそれを人々にアピールすることは、統治の正統性を示す手法としては、清代と現在の間で通底する要素が存在するとみてもよいかもしれません。

また、二〇二三年五月には陝西省西安《せんせいしょうせいあん》で第一回中国・中央アジアサミットが、G7広島サミット(先進国首脳会議)と同時期に開催され、唐の都・長安城を模した建物の前で、習主席が中央アジア諸国の首脳を引き連れる様子が放送されました。これも現在の中国人の歴史的な自尊心に訴えた類似の演出とみることもでき、また先進国による既存の国際秩序への挑戦という側面も否定できないでしょう。

「一帯一路」に比べると日本ではあまり報道されていませんが、中国政府は二〇二一年に「グローバル発展イニシアティブ」という構想も打ち出していて、欧米がつくり上げてきた国際秩序を所与のもの、普遍的なものとはせず、それを認めない姿勢を打ち出し始めています。これはいわゆる「グローバル・サウス」（おもに南半球に位置するアジア・アフリカ地域の新興国や発展途上国の総称）をとりこんで、中国がその盟主としての役割を担おうとするものといわれていますが、これにも歴史的先駆はありました。

中華民国が、袁世凱の死後、いわゆる「軍閥混戦《ぐんばつこんせん》」で混乱していた状況下（一九一六～二八年）で、その統一をかかげていた中国国民党のトップ孫文は、列強に抑圧された諸民族の連帯を中国が束ねていく新たな国際秩序を提唱していました（一九二四年）。それは近代的な反帝国主義と伝統的な華夷秩序とを掛けあわせて「よき中華帝国主義」を実現するというものでした。また、孫文の部下だった戴《たい》季陶《きとう》も、「民族国際」という新たな国際機構の設立を提唱しました（一九二五年）。これは列強主導の国際連盟やソ連主導のコミンテル

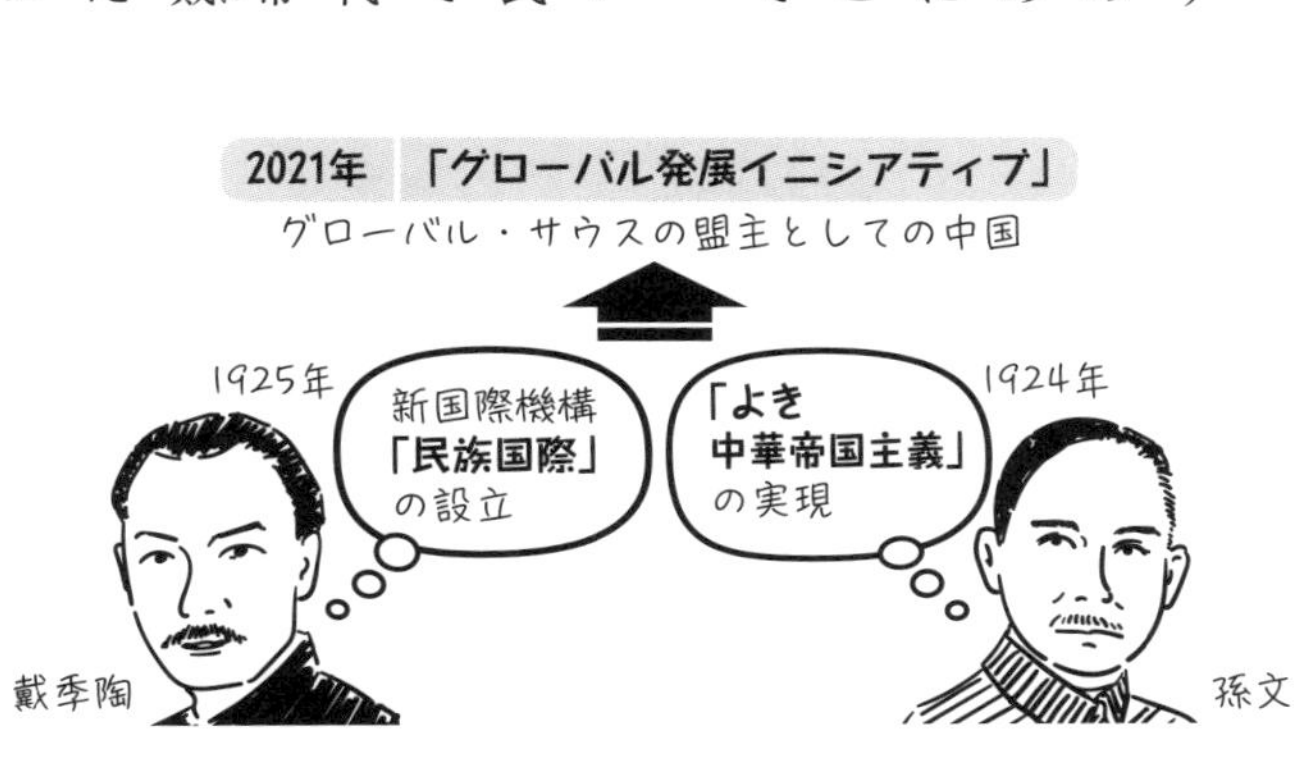

ン（共産国際）に対抗しようとしたものでした。

こうした構想は、当時の中国や孫文らのおかれた状況を考えれば、むろん容易に実現するものではありませんでしたが、二十世紀後半の非同盟運動や「三つの世界」論、そして二〇二〇年代のグローバル・サウス論の先駆ともいえるものでした。とくに現在の中国で台頭しつつあるグローバル・サウスの「盟主」としての中国像は、近代そして近代以前の中国の歴史とのつながりで理解する必要が、今後ますます出てくるのではないでしょうか。

本章では、中国を中心に多岐にわたって「東アジアの近代」についてみてきましたが、近代以前も見すえた一〇〇年・二〇〇年単位という比較的長いスパンで、東アジアや中国の「いま」を知り、「現代」を考えることも、歴史を学び、考える上で、ときには必要ではないでしょうか。

参考文献

青山治世『近代中国の在外領事とアジア』名古屋大学出版会、二〇一四年
青山治世「「冊封・朝貢」体制をいかに再考するか――特集にあたって」『東アジア近代史』第二〇号、二〇一六年
明石欽司「「大東亜国際法」理論――日本における近代国際法受容の帰結」『法学研究――法律・政治・社会』慶應義塾大学法学研究会、第八二巻第一号、二〇〇九年

荒川清秀『漢語の謎――日本語と中国語のあいだ』（ちくま新書）筑摩書房、二〇二〇年
五百旗頭薫『条約改正史――法権回復への展望とナショナリズム』有斐閣、二〇一〇年
王暁秋（小島晋治監訳、中曽根幸子・田村玲子訳）『アヘン戦争から辛亥革命――日本人の中国観と中国人の日本観』東方書店、一九九一年
大久保健晴『近代日本の政治構想とオランダ』東京大学出版会、二〇一〇年
大久保健晴『今を生きる思想　福沢諭吉――最後の蘭学者』（講談社現代新書）講談社、二〇二三年
大庭裕介『司法省と近代国家の形成』同成社、二〇二〇年
大庭裕介「明治維新とは西洋化の歩みなのか」歴史学会編『「歴史総合」世界と日本――激動する地球人類の未来を読み解く』戎光祥出版、二〇二二年
岡本隆司『中国の誕生――東アジアの近代外交と国家形成』名古屋大学出版会、二〇一七年
岡本隆司『「中国」の形成――現代への展望』（シリーズ中国の歴史⑤・岩波新書）岩波書店、二〇二〇年
岡本隆司・飯田洋介・後藤春美編『国際平和を歴史的に考える』（いまを知る、現代を考える　山川歴史講座）山川出版社、二〇二二年
川島真・服部龍二編『東アジア国際政治史』名古屋大学出版会、二〇〇七年
佐々木揚「清末の「不平等条約」観」『東アジア近代史』第一三号、二〇一〇年
佐藤慎一『近代中国の知識人と文明』東京大学出版会、一九九六年
沈国威『近代日中語彙交流史』（改訂新版）笠間書院、二〇〇八年
高橋力也『国際法を編む――国際連盟の法典化事業と日本』名古屋大学出版会、二〇二三年

田中史生編『日中関係史』吉川弘文館、二〇二五年
田雁(小野寺史郎・古谷創訳)『近代中国の日本書翻訳出版史』東京大学出版会、二〇二〇年
陶徳民『西教東漸と中日事情――拝礼・尊厳・信念をめぐる文化交渉』関西大学出版部、二〇一九年
並木頼壽・杉山文彦編著『中国の歴史を知るための60章』明石書店、二〇一一年
莫翔『「天下―朝貢」体系及其世界秩序観』中国社会科学出版社(北京)、二〇一七年
箱田恵子『外交官の誕生――近代中国の対外態勢の変容と在外公館』名古屋大学出版会、二〇一二年
坂野正高『近代中国政治外交史――ヴァスコ・ダ・ガマから五四運動まで』東京大学出版会、一九七三年
深町英夫「規則を「守る」か「破る」か「作る」か――初期中国国民党・中国共産党の世界観」『東アジア近代史』第二七号、二〇二三年
明治維新史学会編『明治維新と外交』(講座明治維新史6)有志舎、二〇一七年
茂木敏夫『変容する近代東アジアの国際秩序』(世界史リブレット41)山川出版社、一九九七年
森田吉彦「中華世界秩序論と国際政治学――*The Chinese Journal of International Politics* を素材に」葛谷彩・小川浩之・春名展生編『国際関係の系譜学――外交・思想・理論』(シリーズ 転換期の国際政治17)晃洋書房、二〇二二年
山室信一『思想課題としてのアジア――基軸・連鎖・投企』岩波書店、二〇〇一年
楊焯『丁訳『万国公法』研究』法律出版社(北京)、二〇一五年

第二章

東アジア世界の中の琉球
――王国はなぜ存立したのか

渡辺　美季

左頁の**図1**をみてください。これは「泰平の眠りをさます上喜撰《じょうきせん》(蒸気船)たった四盃《しはい》で夜も寝られず」の狂歌で有名なアメリカ東インド艦隊(通称:ペリー艦隊)です。けれどもこれらの船が停泊しているのは浦賀でも横浜でもありません。ここは現在の沖縄県、当時は琉球王国の那覇(方言ではナーファ)の港なのです。一八五三年五月下旬(旧暦では四月下旬)、ペリー艦隊は日本より一足先に琉球に来航しました。その後、琉球と日本との間を行ったり来たりしながら、日本だけでなく琉球にも開国をせまり、一八五四年三月三十一日(旧三月三日)、横浜で日米和親条約(神奈川条約)に調印すると、七月十一日(旧六月十七日)には那覇でも琉米条約(琉米協定)を締結します。その七日後(西暦七月十八日)、艦隊の司令長官ペリーは本国へ書簡をおくり、**資料1**のように報告しました。

琉球は当時、日本と清に二重に従う、いわゆる「両属」の状態にありました(この「属」は「従う」という意味です)。けれども一年近く琉球を観察した結果、ペリーは「日本にも清にもそれほど従属していない、独立国に近い状態だ」と判断したのです。とはいえ「ある程度」「~であるようです」といった歯切れの悪い表現は、ペリーが判断に苦心したこと、あるいは自分の

第2章のPoint

①東アジア世界において、琉球はなぜ王国として存立できたのかを考える。
②琉球の中国・日本への「両属」状態は、どのように形成され、そして維持されたのかを考える。
③なぜ王国が滅亡して、日本の沖縄県になったのかを考える。

図1　“Napha From the Sea”（海からみたナーファ）

〔出典〕https://www.history.navy.mil/content/history/nhhc/our-collections/photography/numerical-list-of-images/nhhc-series/nh-series/NH-42000/NH-42760.html

資料1　アメリカ東インド艦隊司令長官ペリーから本国への報告

琉球はある程度は独立した主権国家(independent sovereignty)であるようです。日本にも中国にもわずかな忠誠しか抱いておらず、後者の帝国〔中国〕との関係の方を好んでいます。

原文

Lew-Chew, it appears, is in a measure an independent sovereignty, holding only slight allegiance either to Japan or China, but preferring rather its relationship to the latter empire…

〔出典〕*Correspondence Relatives to the Naval Expedition to Japan, 1855,* Commodore Perry to Dobbin. July18, 1854.

判断に確信がもてなかったことをうかがわせます。どうしてペリーはこのとき、琉球という国家の性質とその国際的地位について明快に説明することができなかったのでしょうか。また「中国との関係を好んでいる」というのは、具体的に何を意味しているのでしょうか。

本章ではペリーが判断しきれなかった琉球の国家的性質、とくにその国際的な立場について、王国の成立にまで遡り、時代を追って検討してみたいと思います。そして①琉球は東アジア世界においてなぜ王国として存立できたのか、②中国・日本への「両属」状態はどのように形成され、維持されたのか、③その「両属」状態はなぜ終焉をむかえたのか、つまりなぜ王国が滅亡して日本の沖縄県となったのか、といった問題について考えていきたいと思います。

1　王国の成立から海域の主役へ

琉球の国家形成はどのように始まったのか

琉球王国は東シナ海の南西端、奄美から沖縄を経て宮古・八重山へと連なる島々に誕生します（図2）。この王国は、いつどのように形成されたのでしょうか。

沖縄の島々に人類（新人）が住み始めたのは約三万年前のことと推測されています。日本本土への人

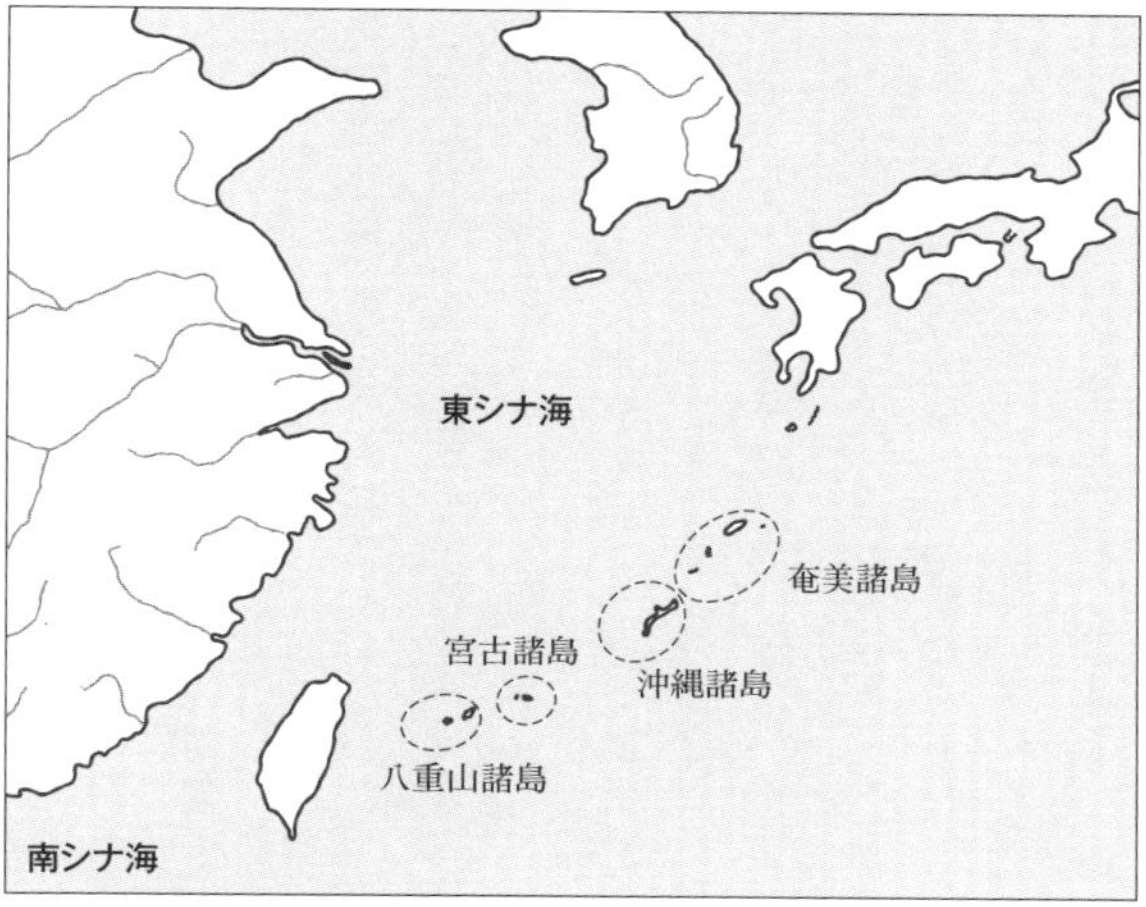

図 2　琉球列島の島々

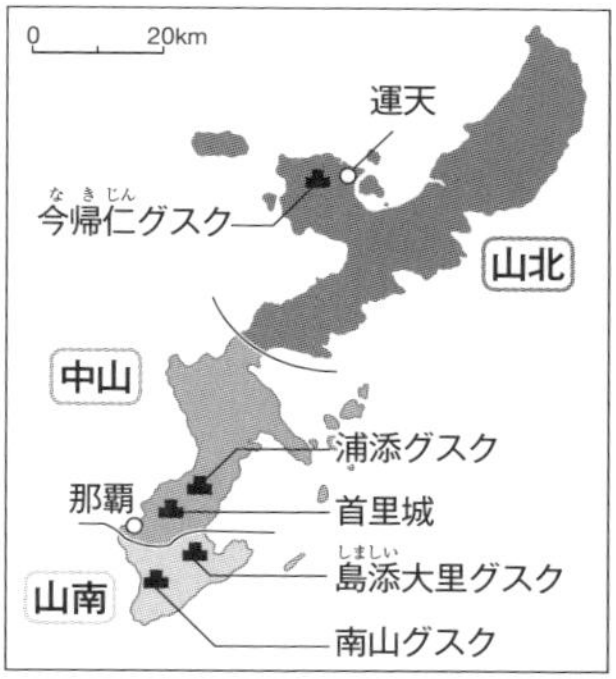

図 3　三山概念図(左)と今帰仁グスク(右)

沖縄観光コンベンションビューロー提供

類の渡来は約四万〜三万年前と考えられていますので、両地域では大体同じ頃に人類が活動を始めたということになります。しかしそこから先の両地域の歩みは大きく異なっていきました。

日本本土は、紀元前八世紀頃に朝鮮半島を経由して中国大陸から稲作(農耕文化)が伝えられ、紀元前五〜四世紀頃には農耕社会へと移行して、そこから徐々に国家形成の道を歩み始めます。しかし沖縄の島々は、東シナ海によって大陸から大きく隔てられ、日本本土との交流もまだ容易ではなかったことから、農耕社会への転換をうながすほどの外部からの刺激がなかなかもたらされません。海にかこまれた環境が、交流の「壁」となったのです。このため沖縄の島々では狩猟・漁労・植物採取を中心とした、縄文時代に近い生活が長く続くことになります。

ところが九世紀の半ば頃になると、これまで比較的「静か」だった東シナ海が、商船が日常的に行き交うような「にぎやか」な海へと変容していきます。中国東南沿岸部の商業発展や造船・航海技術の向上などを背景に、中国の商人(以下、華人海商)が海上貿易を活発化させたのです。彼らはジャンクと総称される大型の木造帆船をあやつって、東シナ海のみならず南シナ海へもネットワークを広げ、日本列島をとりまく人・もの・技術・情報の動きに大きな影響を及ぼしました。この動きの一角で沖縄の島々と日本本土(とくに九州地域)との交流も増大し、農耕栽培の技術が伝播します。これにより十一世紀後半頃、沖縄の島々はついに農耕社会へとシフトし、国家形成に向けて始動することになりました。またこうした動きにともなって、沖縄の島々——とくに約三〇〇キロ離れた奄美・沖縄諸島と宮古・八重山諸島――の相互交流が促進され、一つの文化圏（琉球文化圏）としてまとまり始めます。

やがて十三世紀後半頃になると、沖縄各地の農業共同体を基盤に按司《あじ》と呼ばれる地域首長が台頭し、グスク（城）という城塞を拠点として競合するようになりました。当初小規模だったグスクはしだいに拡充され、十四世紀後半頃から石垣でかこんだ大規模な居城へと発達します。これと前後して沖縄島（本島）では、按司がゆるやかに連合して、北部（山北《さんほく》）・中部（中《ちゅう》山《ざん》）・南部（山南《さんなん》）という三つの政治勢力（三山《さんざん》）（**図3**）を形成していきました。

「琉球」はなぜ明の朝貢国になったのか

三山がならび立つ中、中国では一三六八年に朱元璋《しゅげんしょう》（洪武帝《こうぶてい》）が元《げん》の勢力を駆逐して明を建国します。新王朝となった明は、まもなく高麗や日本などの近隣諸国に使者を派遣して明の建国を伝え、朝貢《ちょうこう》を要請し始めました。朝貢とは、〈野蛮な「夷狄《いてき》」（周辺諸国）の首長《リーダー》が、高度な文明をもつ「中華」（中国）の皇帝の高い徳をしたって、自発的に臣下となり遣使・貢納する〉という「設定」の外交儀礼でしたから、朝貢国がふえればふえるほど

朱元璋（1328～98、位1368～98）

明朝初代皇帝。在位年号により洪武帝《こうぶてい》ともいう。内陸部の貧農出身。紅巾の乱に参加して頭角をあらわし、1368年に応天（現在の南京）で即位して明を建国した。同年、大都（元の国都、現在の北京）を占領して元の皇室をモンゴル高原に駆逐し、中国を統一した。

皇帝の徳の高さ、つまりは明の支配の正当性を証明できるということになります。新王朝として少しでも多くの朝貢国を獲得したい洪武帝は、一三七二年、「琉球」へも使者楊載《ようさい》を派遣して、**資料2**のような詔書を届けました。

沖縄の島々には元の時代から華人海商が来航し小規模な貿易をおこなっていましたが、王朝として使者を派遣したのは明がはじめてです。これまで公的な接触がなかったにもかかわらず、洪武帝はどうして沖縄に「琉球」という国があると考えたのでしょうか。

「琉球」(流求・瑠求)という地名は唐代六三六年に編纂された隋の正史『隋書』(東夷伝・流求国、**図4**)を先駆けとして、中国の書物にしばしば登場します。ただその琉球が「どこ」なのかは必ずしも明確ではなく、少なくとも宋や元ではおもに台湾方面をさす語として使われていました。それなのに楊載は台湾ではなく沖縄島にやってきて、しかも三山ではもっとも優勢だった中山王(琉球国中山王)の朝貢使節を連れて帰国します。ということは明は「琉球＝沖縄島」と認識しており、楊載は沖縄島の勢力状況をある程度把握していたということになります。それはなぜでしょうか。

もちろん明には沖縄島に来航していた華人海商による情報がそれなりに蓄積されていたはずです。しかしここで着目したいのは、楊載が一三六九・一三七〇年に日本へ派遣され、琉球へおもむく三カ月前に帰国しているという史実です。タイミングからいって、日本で琉球に関する何らかの情報を入手して洪武帝に伝え、それが琉球遣使の直接の契機となった可能性が高いのではないでしょうか。ち

資料２　明・洪武帝から琉球への詔書

……朕は臣民に推戴《すいたい》されて皇帝の位に就き、天下の号を大明《だいみん》と定め、洪武という元号を建てた。これにより外夷に遣使して朕の意を周知させることにした。使者がいたった場所の蛮夷《ばんい》（野蛮な夷《い》狄《てき》）の首長は臣下と称して朝貢してきたが、琉球は中国の東南にあって、遠い海外であるため、まだ通知が及んでいない。このため特に遣使して諭告させるのである。

〔出典〕『明実録』洪武 5(1372)年 1 月 16 日。

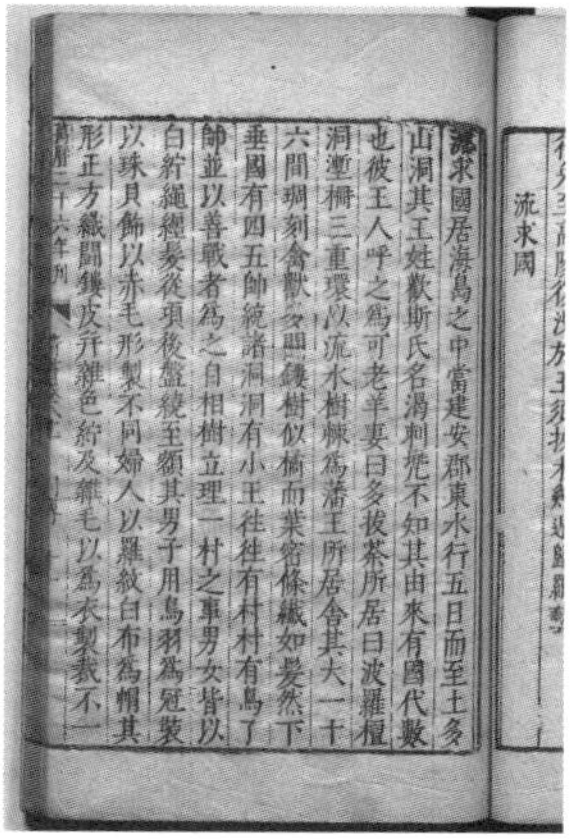
流求國居海島之中當建安郡東水行五日而至土多
山洞其王姓歡斯氏名渴剌兜不知其由來有國代數
也彼土人呼之爲可老羊妻曰多拔茶所居曰波羅檀
洞塹柵三重環以流水樹棘爲藩王所居舍其大一十
六間琱刻禽獸多鬪鏤樹似橘而葉密條纖如髮然下
垂國有四五帥統諸洞洞有小王往往有村村有鳥了
帥並以善戰者爲之自相樹立理一村之事男女皆以
白紵繩纏髮從項後盤繞至額其男子用鳥羽爲冠裝
以珠貝飾以赤毛形製不同婦人以羅紋白布爲帽其
形正方織鬪鏤皮并雜色紵及雜毛以爲衣製裁不一

図４　『隋書』流求国　国立公文書館蔵

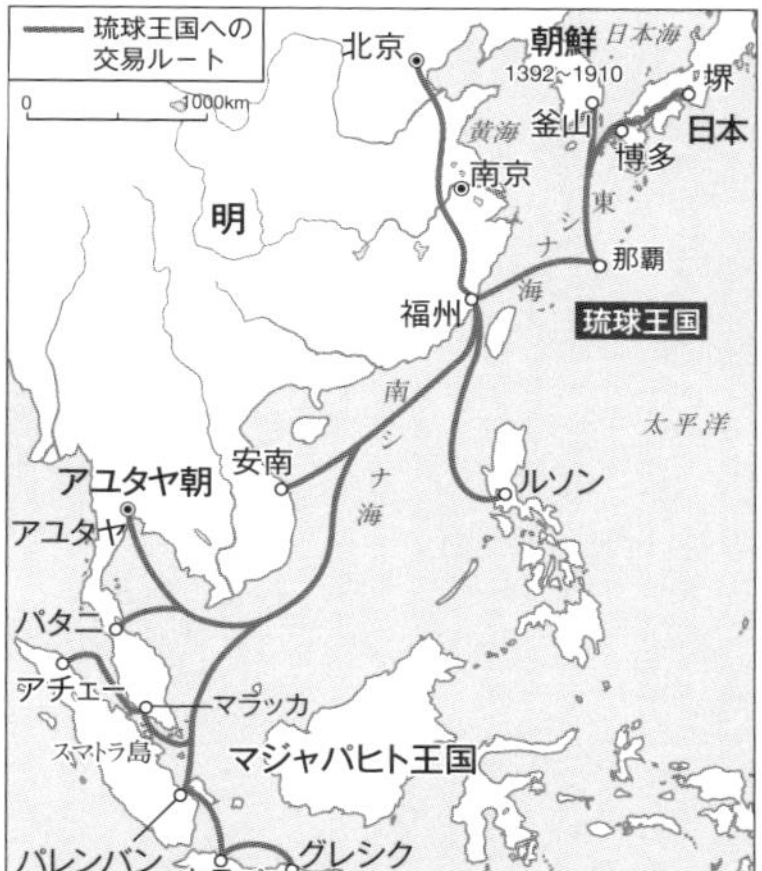

図５　琉球の中継貿易

なみに日本でも奄美以南の「南島」を漠然とさす言葉として、「琉球（流球・龍及）」の語が使われていました。沖縄島の人々は、中国あるいは日本で用いられていた「琉球」の語を自らの国名として受容したものと考えられます。

こうして華人海商による民間貿易ネットワークの発展という下地の上に、多くの朝貢国を獲得したい明の政治的ニーズがかさなり、さらに明による日本への遣使というタイミングもあいまって、朝貢を通じた明と琉球の君臣関係が成立しました。やがて一三八〇年に「琉球国山南王」が、一三八三年に「琉球国山北王」もそれぞれ明へ朝貢し、明は「琉球国」の諸王として彼らを受け入れます。十五世紀初めには中山・山南の各王が明の冊封《さくほう》（九四頁参照）を受け、明との結びつきを強化しました（なお山北王に対する冊封は確認できません）。やがて一四二九年には中山がほかの二山を征して王国統一をはたしますが（第一尚氏《しょうし》王朝）、この王朝はクーデタにより短命におわり、一四七〇年に開始された次の王朝（第二尚氏王朝）によって、王国が滅亡する（日本の沖縄県となる）一八七九年まで統一が維持されます。

琉球はなぜ海上貿易の「主役」になれたのか

明を中心とした国際秩序の一員となった琉球（三山）は、ほどなくして東シナ海・南シナ海の広域貿易において中心的な役割をはたすようになります。新興の小国でありながら、なぜそれが可能だったのでしょうか。

ポイントは明によるきびしい貿易管理策にありました。明は周辺諸国にさかんに朝貢を要請し、朝貢の見返りとして朝貢にともなう貿易(朝貢貿易)を認めます。一方で、民間人の海外渡航・貿易を禁じる海禁策を実施しました。当時、東アジア海域には倭寇《わこう》と呼ばれる海賊集団(前期倭寇)がさかんに出没していたのですが、明は海禁によって彼らの活動をおさえこもうとしたのです。

海禁は明以外の中国の王朝でも実施されることがありましたが、朝貢推進と海禁策を合体し、政治外交と貿易経済を一体化して統制しようとするシステムは明朝独特のものでした。このシステムのもとでは、外国が明と貿易をしたければ朝貢国(皇帝の臣下)になるしかなく、朝貢貿易以外の貿易はすべて「密」貿易(犯罪)となってしまいます。このためこれまで海上貿易の主役だった華人海商は活動を抑制され、主役の座をおりざるをえなくなりました。琉球はその空席にすべりこんだのです。

琉球にとって、いや多くの朝貢国にとって、朝貢の最大のメリットは明との貿易でした。陶磁器や絹織物などの中国産品は世界の花形商品でしたし、海禁策の影響で、海外では明の産品が、明国内では外国の産品が品薄気味でしたから、明・外国の産品を相互に入手・転売すれば、自国商品にとぼしい琉球でも大きな利益をあげることができたのです。ここに目をつけた琉球は一三八〇年代終盤になると、朝貢貿易でえた中国産品を元手《もとで》に高麗/朝鮮・シャム(タイ)と貿易を開始し、胡椒・蘇木《そぼく》(染料・薬)などの東南アジアの特産物を明や朝鮮へと輸出するようになります。当初、明への朝貢資格をもつ王が三人もいたことに加え、東シナ海と南シナ海の中間に立地していたことも大きな強みだったのでしょう。

洪武年間(一三六八〜九八年)の琉球の朝貢回数は、中山三〇回・山南一三回・山北一〇回・琉球(山名不明)一回の総計五四回で、高麗/朝鮮(一三九二年に王朝交替)の七九回とシャムの四一回にはさまれて堂々の二位についています。朝鮮と琉球の回数順位は以後もほぼ変わりませんでしたが、朝鮮は陸路で朝貢したため、貿易の総量という点では海路の琉球が有利でした。

こうして東シナ海・南シナ海をつなぐ国営貿易を始めた琉球は、十五世紀にこれを拡大し、押しも押されぬ海上貿易の主役へと成長しました(**図5**)。その鍵となったのは、海外貿易の最大の拠点である那覇港の付近に形成された久米村《くめむら》(唐営《とうえい》、のちに唐栄)という華人集落(チャイナタウン)です。明が海禁を施行すると、多くの華人海商が生計の途《みち》を求めて東南アジアに移住し、沿海各地にチャイナタウンを形成しますが、これと同様の現象が琉球でも生じたものと考えられます。久米村の住民(久米村人)は、中国語の通訳や漢文による外交文書の作成、造船・操船を担うスタッフとして琉球王権(現地政権)にとりこまれ、明への朝貢や朝鮮・東南アジア諸地域との通交を担いました。東南アジアでも華人が現地政権の傘下に入って朝貢や貿易に従事していたため、久米村人とは互いに中国語・漢文による意思疎通が可能だったのです。琉球の主役の座は、実際にはこれを明けわたして水面下にもぐらざるをえなかった華人海商に大きく支えられていたといえます。

一方、十五世紀における日本との公的な関係は久米村人ではなく、日本から渡来した禅僧(京都五山系の僧侶)や日本へ留学した琉球人禅僧が担っていました。琉球は十五世紀初めに室町幕府に使船《しせん》を送り、将軍を上位、琉球国王を下位とするゆるやかな関係を形成して活発に貿易をおこないます。日明の勘合貿易(朝貢貿易)は一時期をのぞいて停滞気味でしたので、琉球がはこぶ明・東南アジアの産品は日本で大いに歓迎されました。また海外で高い需要のあった刀剣・扇・屏風などの日本製品が、琉球を介して明・朝鮮・東南アジアへとはこばれます。幕府に対する琉球の遣船《けんせん》は応仁・文明の乱(一四六七~七七年)の政治的混乱により途絶しますが、大内氏(周防《すおう》)・島津氏(薩摩)との通交に加え、博多・対馬などの海商の来航貿易もあり、日本との貿易自体はさかんにおこなわれていました。

2　島津侵攻から日明「両属」へ

徳川政権はなぜ琉球を「併合」しなかったのか

ところが十六世紀に入ると、明が徐々に弱体化し、その貿易管理策にもゆるみが生じます。するといままでおさえこまれていた華人たちが、武装船団をくんで海禁にさからい、民間貿易(明からすれば密貿易)をさかんにおこなうようになりました。この貿易には日本の海商や、いわゆる「大航海時代」

の波にのってアジアに進出したヨーロッパ勢力も参入し、海禁は有名無実化していきます。当時、明では貨幣となる銀が不足していたことから、彼らは生糸などの明の産品と引きかえに、日本や南アメリカの銀を明へとはこんで大きな利益を上げました。こうした貿易勢力を明はまとめて「倭寇」と呼びましたが（後期倭寇、**図6**）、その活動は十六世紀半ばに頂点に達し、彼らは海上貿易の新たな主役となっていきます。引きかえに琉球の「中継」貿易は存在意義を失って衰退し、朝鮮や東南アジアとの関係は途絶え、琉球の通交相手は日本・明のみとなりました。

　そうしたなか、日本では豊臣秀吉が列島の統合（いわゆる「天下統一」）を推し進め、十六世紀末に「唐入《からい》り」（明の征服、実際には朝鮮侵攻）を実施して、明・朝鮮と敵対します。その過程で、秀吉は薩摩の島津氏を通じて琉球にも服属や「唐入り」への加担を求めました。これに対して琉球は、島津氏に「唐入り」の兵糧を供出する一方で、明にはそれをかくして秀吉の「唐入り」計画をいち早く通報するなど、日本と明の間で二方面的な外交を展開していきます。

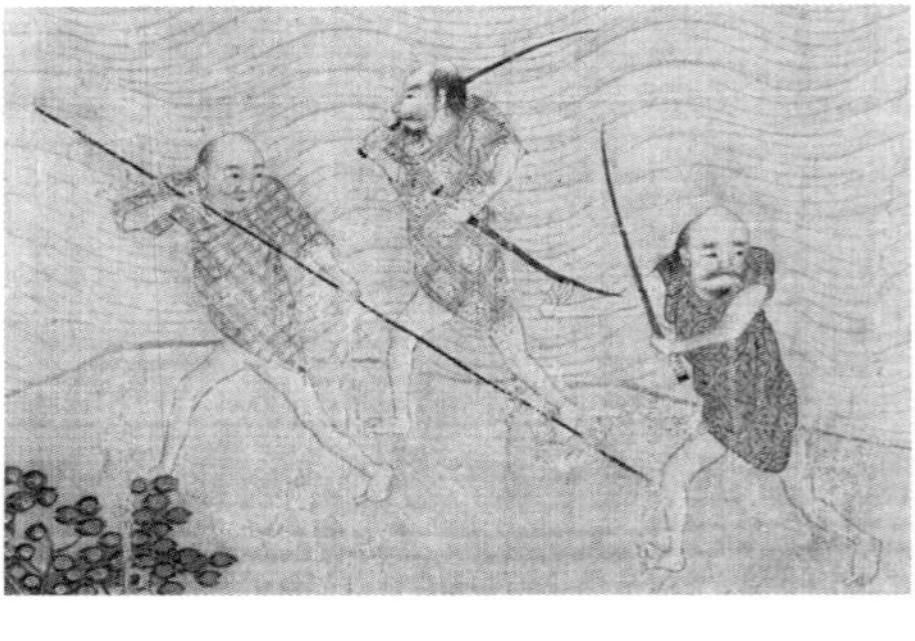

図6　倭寇（後期倭寇）
〔出典〕東京大学史料編纂所蔵「倭寇図巻」より

やがて秀吉の死去(一五九八年)により「唐入り」が中止されると、徳川家康が統一政権を掌握しました。家康は朝鮮侵攻によって悪化した明・朝鮮との関係を修復し、明との貿易を実現しようと、島津氏を通じて琉球に日明貿易の仲介を求めます。しかし琉球は応じません。明の朝貢国(臣下)である琉球に、明が敵国視している日本との間を取りもてというのは、そもそもが無茶な話でした。結局、一六〇九年の春、動かない/動けない琉球に対し島津氏は「誅罰《ちゅうばつ》(処罰)」の軍勢を送り、約一カ月の戦闘の末に琉球は降伏を申し出ることになります。

島津氏による琉球制圧の知らせを受けた家康と、息子の秀忠は大いに喜び、島津氏に琉球の「仕《し》置《おき》」(支配)権を認めました。ただしそれはあくまでも明の朝貢国である王国の存続を命じた上での許可であり、琉球を日本に併合することはありませんでした(その発想すらありませんでした)。なぜこのとき、幕府は琉球を日本にしなかったのでしょうか。

最大の理由は、幕府が日明貿易(公貿易)を切望していたことにありました。倭寇が活発に民間貿易を展開する中で、かつて室町幕府がおこなっていた勘合貿易のように日明双方の政権が許可した船のみが貿易をおこなう体制を構築できれば、明との「貿易権」は幕府が掌握できます。それは幕府が統一政権として支配を確立する上で、ぜひとも実現したい課題でした。しかし明が関係修復に応じる様子はなく、明の朝貢国である琉球が唯一の「たのみの綱」だったのです。だからこそ琉球を日本にするわけにはいかず、明の朝貢国のまま島津氏を通じて支配下におくという、日明「両属」の状態が開始されることになりました。

島津氏の支配とはどのようなものだったのか

ところで王国が維持されるのであれば、島津氏の支配とはどのようなものだったのでしょうか。徳川政権が島津氏に認めたのは「年貢の徴収」でした。島津氏は検地をおこなって琉球の石高を確定し、王国領の一部であった奄美諸島を島津氏の直轄領とした上で、残りの王国領(約九万石)を領地として、ときの国王尚寧《しょうねい》にあたえます(これが結果的に現在の沖縄の県域となりました)。また島津氏は、芭蕉布《ばしょうふ》などの特産物による年貢の納入を義務づけましたが、これは過渡的な措置で、やがて年貢は石高に基づく米納制となりました。さらに海防と監視のために在番奉行《ざいばんぶぎょう》を筆頭とした二〇人弱の薩摩役人(**図7**)を那覇に派遣して駐在させる制度を開始するなど、島津氏はさまざまな支配策を進めていきます。ただし王国の統治者はあくまでも国王で、人事や裁判といった内政は基本的に琉球にゆだねられていました。また、明との外交や貿易についても監視や干渉はしたものの、これを担う主体は琉球であったことから全面的

図7　首里城に向かう在番奉行の一行(先頭は琉球官人)
〔出典〕沖縄県立博物館・美術館蔵「首里那覇港図屏風」より

に統制することはできませんでした。

それから重要な点として、島津氏は琉球―日本の海上交通の統制によって、日本各地から琉球に来航していた貿易勢力を排除していきます。これにより琉球へ渡航できる日本人は藩の許可をえた薩摩人男性――具体的には①在番奉行の一行と、②琉球から薩摩への年貢運搬を担う代わりに商売を認められた民間船の乗員――にほぼ限られるようになりました。皮肉なことに、日本の支配下におかれた琉球は、大半の日本人にとって以前よりも「遠い」、決して行くことのできない異国になってしまったのです。

日本の「国際」秩序の中で琉球はどのような役割を担ったのか

さて日本の支配下に入った琉球には、当然のことながら日明貿易の仲介交渉が命ぜられました。とはいえ朝鮮につづいて琉球までも侵略した日本に対し、明は警戒心をつのらせるばかりで交渉はまったくの不調におわります。けれども一六三〇年代から四〇年代前半にかけて、徳川政権はキリスト教の禁止を徹底しつつ外交・貿易を一元的に管理する状態――つまりは「鎖国」の状態――を成立させたため、貿易管理に明の協力を仰ぐ必要性はなくなりました。またこれと同じ頃、朝鮮・琉球の使節やオランダ商館長の江戸参府が恒常的におこなわれるようになり、日本の人々はあたかも多くの外国が日本に朝貢しているかのような、つまりは日本(将軍)を頂点とした「国際」秩序が存在しているかのような世界観をいだくようになります。

　約一世紀半後、一七九六年の琉球使節の参府にあわせて日本で出版された使節行列のガイド本である『琉球人行粧《ぎょうそう》記』（図8）をみてみましょう。その序文には「太平の御世《みよ》（将軍の治世）に、四方の異民族が帰順して、臣下の礼をとって貢ぎものを捧げてやってくる。その一つとして、ことしの冬の初めに琉球の使節も来聘する」としるされており、江戸時代の日本社会の世界観と、その世界観において琉球がまさしく朝貢国として受けとめられていたことがよくわかります。

　とはいえ実際に「四方の異民族」が朝貢してくる明とは異なり、実質的に（自他ともに）日本に朝貢しているといえるのは琉球だけでした。朝鮮国王と将軍は外交儀礼上「対等」の立場にありましたし、オランダ商館長は貿易継続のために形式的に「頭を下げて」いるにすぎなかったからです。けれども「鎖国」により明を中心とした国際秩序から遮断された日本では、自国を外からみる（相対視する）ことはできず、日本でしか通用しない「国際」秩序であってもその効力が疑問視されることはありません。こうして日明交渉の仲介役という要請の消滅と入れちがうよう

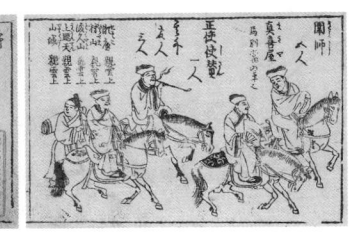

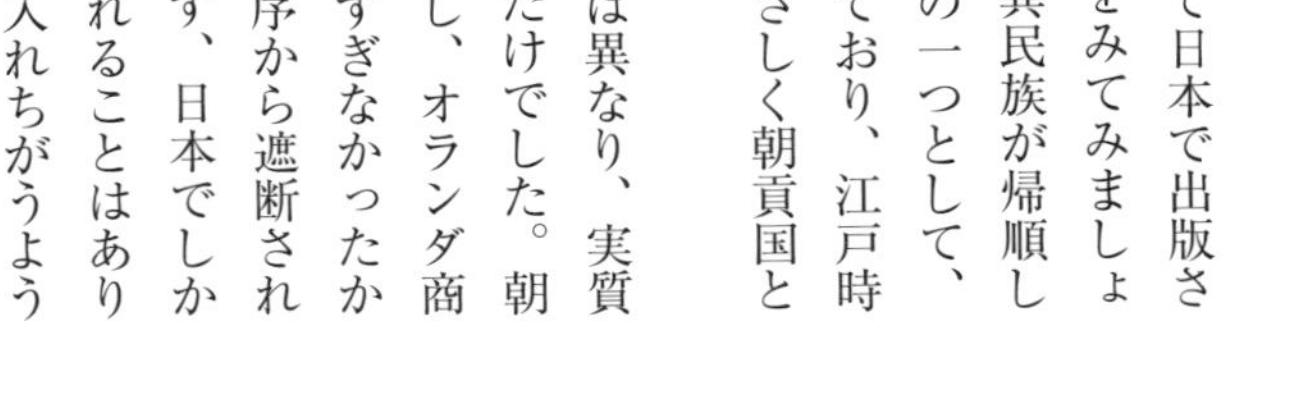
図8　『琉球人行粧記』（1796年刊）　沖縄県立図書館蔵

に、琉球は「日本に従う外国」として、その「国際」秩序を成り立たせる役割を担うようになっていきます。

3　日清の秩序と琉球

琉球はどのように清・日本に「両属」したのか

日本を中心とした「国際」秩序が形成された頃、明は衰退の一途を辿っていたため、この「国際」秩序をおびやかすような存在ではありませんでした。けれどもその明は一六四四年に農民反乱によって自滅し、中国東北部から台頭した少数民族のジュシェン（女真、自称は満洲《マンジュ》）人の建てた大清国が、反乱軍を駆逐して中国の新たな支配王朝となります（明清交替）。清の第三代皇帝順治《じゅんち》帝（在位一六四三〜六一）は、明の仇《かたき》をうった自らこそが明の正統な後継者であるとしてその朝貢国を引き継ぐ意向を示し、琉球へも**資料3**のような勅書をとどけて、「明をすてて清にのりかえる」ことを求めました。

とはいえ中国ではまだ明の残存勢力が清への抵抗を続けており、明復活の可能性もないわけではありません。「明か清か」という難しい状況の中、幕府も島津氏も対応に窮し、琉球に判断を一任します(「丸投げ」したともいえます)。さらに島津氏は琉球に駐在させている在番奉行に対して、「琉球は昔から唐(中国)と日本に従っており、現在は島津氏が拝領したといっても日本国の内ではないので、このような決定についてはこちらでは指示し難い」として琉球外交への干渉を禁じました。琉球は日本にも従っていましたが、あくまでも外国であり、とくに中国との関係は日本の支配が及ばない「領域」だったのです。従って琉球は好むと好まざるとにかかわらず、中国外交に関しては主体的に対応・判断せざるをえなくなりました。

そこで琉球はまず「帰順を表明する書簡」を清にとどけて時間を稼ぎ、一六五三年にようやく使者を派遣して清から要請された品々――明の下賜した国王印と国王の任命書――を提出します。ただし歴代の国王にあたえられたはずの任命書は三枚しか提出しませんでした。おそらくは明復活の可能性を考慮したのでしょう。琉球はまだ完全に清にのりかえたわけではなかったのです。けれども清はただちに冊封のための使者(冊封使《さくほうし》)を琉球に派遣することを決定しました。冊封とは皇帝が朝貢国の首長を国王に任命することで、琉球王位の正当性はこの冊封によって担保されていたのです。

清が冊封使派遣の準備を進める中、琉球は一六五五年に島津氏に対して「韃靼《だったん》(清)の王が琉球国へ使者船を派遣して、韃靼人の作法で髪を剃って帰順するようにと命じてきたら、どのように返答すべきでしょうか」と問い合わせました。清は人口の大多数を占める漢人(漢民族)に「服従の証」として辮髪《べんぱつ》(男性のみ)・清服といった満洲人の風俗を強制する政策を展開していましたから(**図9**)、琉球に

資料３　清・順治帝から琉球への勅書

朕は中原《ちゅうげん》(中国)を平定し、天下を一家と見なしている。思うに、爾《なんじ》、琉球は古《いにしえ》より中国に仕え、遣使して朝貢することが慣わしとなっている。このため今、特に人を派遣して爾の国に諭告させる。もし天の道理に従うならば、使者を派遣して旧明《みん》が下賜した国王の任命書や国王印を北京に届けなさい。〔そうすれば〕朕もまた先例の通り冊封しよう。

〔出典〕『清実録』順治4(1647)年6月8日。

図9　琉球の男性(左)、清の男性(右)

〔出典〕左・国会図書館蔵『琉球風俗図』、右・国立公文書館蔵『清俗紀聞』より

図10　蟒緞で作成した明風の礼服をきる尚敬王
(在位1713〜51)

沖縄県教育庁文化財課蔵

もこの政策が適用されるのではないかと心配したのです。ちなみに琉球人の男性は小さな髷《まげ》に簪《かんざし》を差すという、辮髪とも丁髷《ちょんまげ》とも異なる髪型をしていました(図9)。

琉球の問いあわせを受けた島津氏は、辮髪は「日本の瑕《きず》(不名誉)」であると考え、冊封使が「韃靼人の体《てい》」になることを命じたら拒絶して追い返すか、あるいは冊封使が納得せずにことを構えてきた場合にはうちはたすか、という強硬策を検討します。ところが幕府にたずねたところ、意外にもその回答は「髪型や衣服を強制されたらすべてその通りにするように心得なさい」というものでした。島津氏が清の国際秩序よりも日本の「国際」秩序を重視しようとしたのに対し、幕府は自らの「国際」秩序(日本の琉球支配)よりも清の国際秩序(清と琉球の君臣関係)を優先する姿勢を示したのです。清と衝突するリスクを回避し、政権の安定を守ることがもっとも重要であると判断したのでしょう。

この幕府の姿勢によって、琉球は清の国際秩序と日本の「国際」秩序を比較的容易に両立することが可能になりました。二つの秩序があいいれない場合には清の秩序を優先してよいと、幕府が認めてくれたからです。辮髪問題は期せずして、琉球が日清にスムーズに「両属」できるような環境をととのえてくれることになりました。

一六六三年、予定より大幅に遅れてようやく冊封使が渡来します。琉球・日本の懸念にもかかわらず、冊封使は辮髪も清服も強制せず、ただ皇帝からの下賜品として清の礼服用の絹織物(蟒緞《ぼうどん》)をあたえただけでした。これは朝鮮などほかの朝貢国も同様で、清は国内(中国)と国外(朝貢国)を明確に区別し、国外には柔軟に対応していたのです。そこで琉球国王は従来通り明の皇帝から下賜された礼服を身に着けて冊封の儀式にのぞむと、以後は清からあたえられた清服用の絹織物で明風の礼服を作成して着用するようになりました（図10）。こうして琉球と清との君臣関係が正式に開始され、琉球は日清「両属」の時代へと突入していくのです。

清の国際秩序の中で琉日関係はどのように「処理」されたのか

とはいえ清の支配はまだ盤石《ばんじゃく》ではありませんでした。一六七三年には清に帰順していた呉三桂ら漢民族の将軍が「興明討虜《こうみんとうりょ》（明を復興させ清を討伐する）」をスローガンに三藩《さんぱん》の乱を起こし、台湾を占領して清に抵抗していた鄭氏勢力（鄭成功《ていせいこう》の子孫）もこれに呼応して大反乱となります。三藩勢力は琉球へも使者を派遣して「大明《だいみん》」（三藩）の優勢を説き、火薬の材料となる硫黄の供出を求めました。琉球はすでに清の冊封を受け入れていたにもかかわらず、明復活の可能性にそなえて、（清には内密で）硫黄を提供してしまいます。けれども結局、清の第四代皇帝康熙《こうき》帝（在位一六六一～一七二二年）が抜群の統率力を発揮して一六八一年に三藩の乱を鎮圧し、八三年には鄭氏をも降伏させて、清の支配を確立しました。

もう明復活の可能性はありません。そこで琉球は、「世界」の頂点に立った清の機嫌をいささかなりとも損ねることのないよう、「忠実な清の朝貢国」としてふるまうことに力をそそぐようになります。その一環としてとりくんだのが、清に対して日本との関係の一切をかくすという特別な政策でした。

隠蔽策のきっかけは、一六四四年の明清交替後に島津氏が「(琉球が)鹿児島の支配下に入ったことを清において取り沙汰してはならない」(一六六四年)などと琉球に指示したことにあったようです。ただしこの段階で琉球自身が主体的に隠蔽策を実施した形跡はみあたりません。けれども一六八〇年代後半——清が支配を確立した少し後——になると、琉球自身が「(琉球が)二国/二君に事《つか》えることを(清から)せめられるかもしれない」という危機感を強め、隠蔽策を主体的かつ積極的に実施するようになります。この政策は段階的に強化され、「清に漂着したら日本のことを口外してはいけない」といったお触れによって国中の人々へ周知されました。海にかこまれた琉球では、いつでも/誰でも清へ漂着する可能性があったからです。

漂着に関するお触れの中には「(携行する)通行証・書類の日本年号や薩摩人の名前はすべて平仮名で書きととのえ、中国人に見咎《みとが》められそうなものがあればすぐに焼きすてるか海中へ投棄するなど、臨機応変に処理しなさい」という指示もありました。なぜわざわざ平仮名で書くのかといえば、中国人が読めない、つまり日本語だということもわからない文字にするためです。その上で、海難事故で命からがら漂着したときに文書類を焼きすてろというのは、なかなかきびしい要求ですが、一七六一年に清に漂着した琉球人の照屋《てるや》らに関する清の取調べ記録には、漂着民は焼け残った文書類を所持し

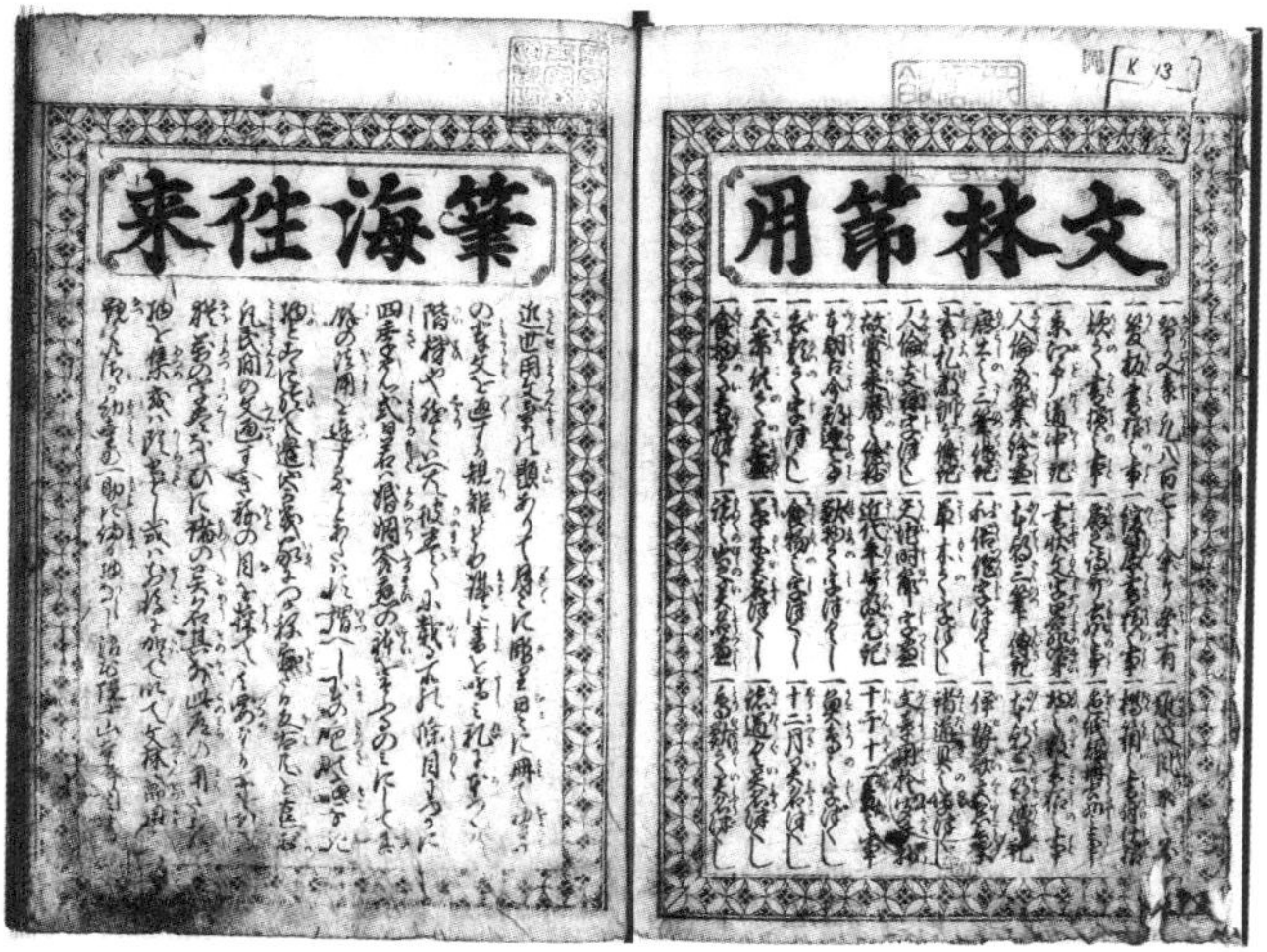

図 11　『字林綱鑑』（万宝字林文法綱鑑／文林節用筆海往来）

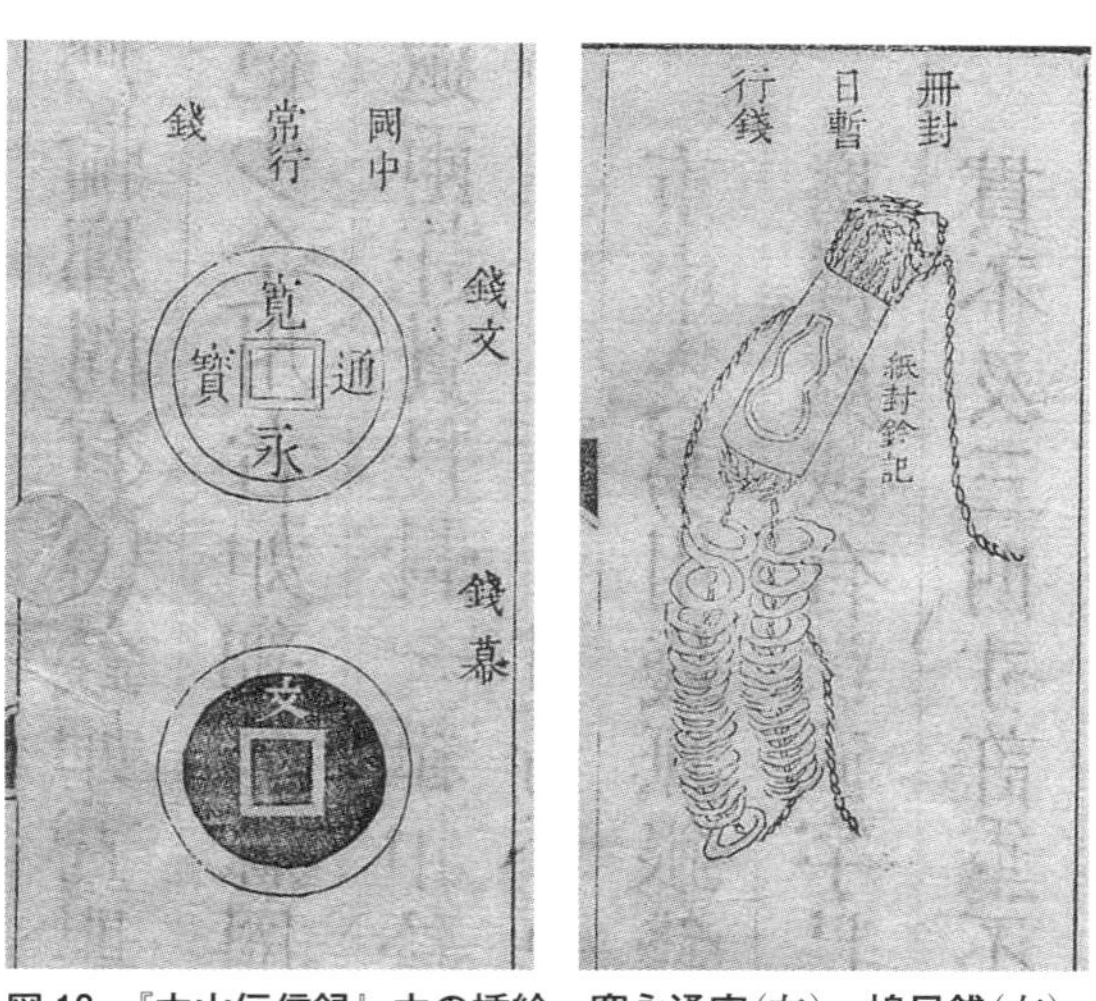

図 12　『中山伝信録』中の挿絵。寛永通宝（左）**・鳩目銭**（右）

ており、その中に『字林綱鑑《じりんこうかん》』(図11)という「日本国の書籍」があったとしるされていますので、照屋たちが必死で琉球の政府(首里王府)の指示に従おうとしていたことがわかります。あいにくすべてを焼きつくすことはできなかったようですが、琉球側の記録によれば、現地に駐在していた琉球官人がうまく弁明したために大事にはいたらなかったということです。

琉球の隠蔽策には島津氏も全面的に協力していました。たとえば清から冊封使が渡来したときには、那覇に駐在中の在番奉行の一行は、少し離れた城間《ぐすくま》村(現在の浦添《うらそえ》市城間)に一時的に移居して身をかくし、那覇港に来航・停泊している薩摩船も冊封使からはみえないような別の港に移動しています。もちろん琉球も、事前に日本年号・人名の書かれた掛軸・碑文・梵鐘などを片付け、那覇にある薩摩人の墓石を埋めるなど、「大和《やまと》めいた」ものを一切かくして準備万端で冊封使をむかえ入れていました。

ところが琉球・薩摩の「かくす」努力にもかかわらず、清は琉球と日本の関係をおおむね把握していたのです。一七一九年に琉球を訪れた冊封使徐葆光《じょほこう》は、帰国後にまとめた『中山伝信録《ちゅうざんでんしんろく》』――中山(琉球)の信《まこと》を伝える記録――に日本の寛永通宝《かんえいつうほう》と琉球の銭(鳩目銭《はとめせん》)の挿絵を載せ(図12)、前者を「国内でつねに用いる銭」、後者を「冊封のときにしばらく用いる銭」と説明しています。また本文では「これは日本の旧銭である」とも述べています。琉球では日本から流入した寛永通宝が、琉球の銭貨とともに広く用いられていましたが、冊封使がきたときには隠蔽策により一時的に使用を中止し、琉球の銭だけを流通させていました。徐葆光はこれを完全に見抜いていたのです。

ところでこの時代、寛永通宝は「日本の旧銭(昔のお金)」ではなく、「現役」のお金です。それなのになぜ徐葆光は旧銭と書いたのでしょうか。実はこれこそ「いま」の琉日関係を明言しないための「敢えての工夫」であったと考えられます。そもそも清、いや中華(中国)にとって重要だったのは、夷狄(周辺諸国)が自らの秩序を受け入れているという「外観」でした。つまりたとえ表面的にでも朝貢国が朝貢・冊封のルールに従ってさえくれれば、その「内実」に干渉するつもりなどなかったのです。このため清は日本との関係を知りつつも、とくに琉球を追及することなく、これを黙認していました。とはいえもし琉球が清に対して日本の年号を用いるなどして日本の支配下にあることを堂々と示してくるようでは、清の権威が保てません。従って少なくとも表向きは清だけの「忠実な朝貢国」としてふるまってほしい——それが清の本音であり、隠蔽策はそうした清の意向にも添うものでした。

この状況の中、皇帝の使者である冊封使が琉日関係(日本の琉球支配)を公言するわけにはいきません。そこで徐葆光は自らが知りえた情報をなるべくくわしく記述しつつも、真実を書く一歩手前のところで「寸止め」するような表現を工夫したのでしょう。同様の工夫は、清から琉球に派遣されたほかの冊封使の記録にもみることができます。

このように「清に対する琉日関係の隠蔽策」は、琉球・薩摩の「かくす」努力だけでなく、清の「かくされる」努力(みてみぬふりをする努力)もあって成り立っていたのでした。琉球・清・日本は、かくし／かくされるという暗黙の了解（または公然の秘密）を共有しながら、約二世紀にわたる「平和」を維持することになります。

清の国際秩序の中で琉球はどのような役割を担ったのか

康熙帝が清の支配を確立した後、清は内陸へも支配領域を拡大し、それは第六代皇帝乾隆帝《けんりゅう》（在位一七三五～九五年）の時代に最大に達します（**図13**）。清の最盛期を創出した乾隆帝は、宮廷画家に命じて自らの業績や権威を喧伝するようなさまざまな絵画をえがかせました。その中に各国の使節が貢ぎものをたずさえて新春（正月）の紫禁城を訪れる情景をえがいた『万国来朝図』（**図14**）があります。計五枚が現存しており、その四枚に「琉球国」の旗とともにえがかれた琉球使節の姿が確認できます。また内一枚の後方には「日本」の旗もえがかれていますが、日本は清に朝貢していないので、これは架空の日本使節です。

すでに述べたように、琉球は「日本に従う外国」として、〈四方の異民族が朝貢してくる〉という日本の「国際」秩序を成り立たせる役割を担っていましたが、一方で〈万国が朝貢してくる〉という清の国際秩序の重要な担い手でもありました。清には日本よりは多くの国が朝貢していましたが、すぐ隣の日本ですら実際には朝貢してこないわけですから、万国には遠く及びません。また清が朝貢国とみなしていた国々の中には、まれにしか朝貢しない国や、ただ使節を派遣しただけで朝貢国にカウント

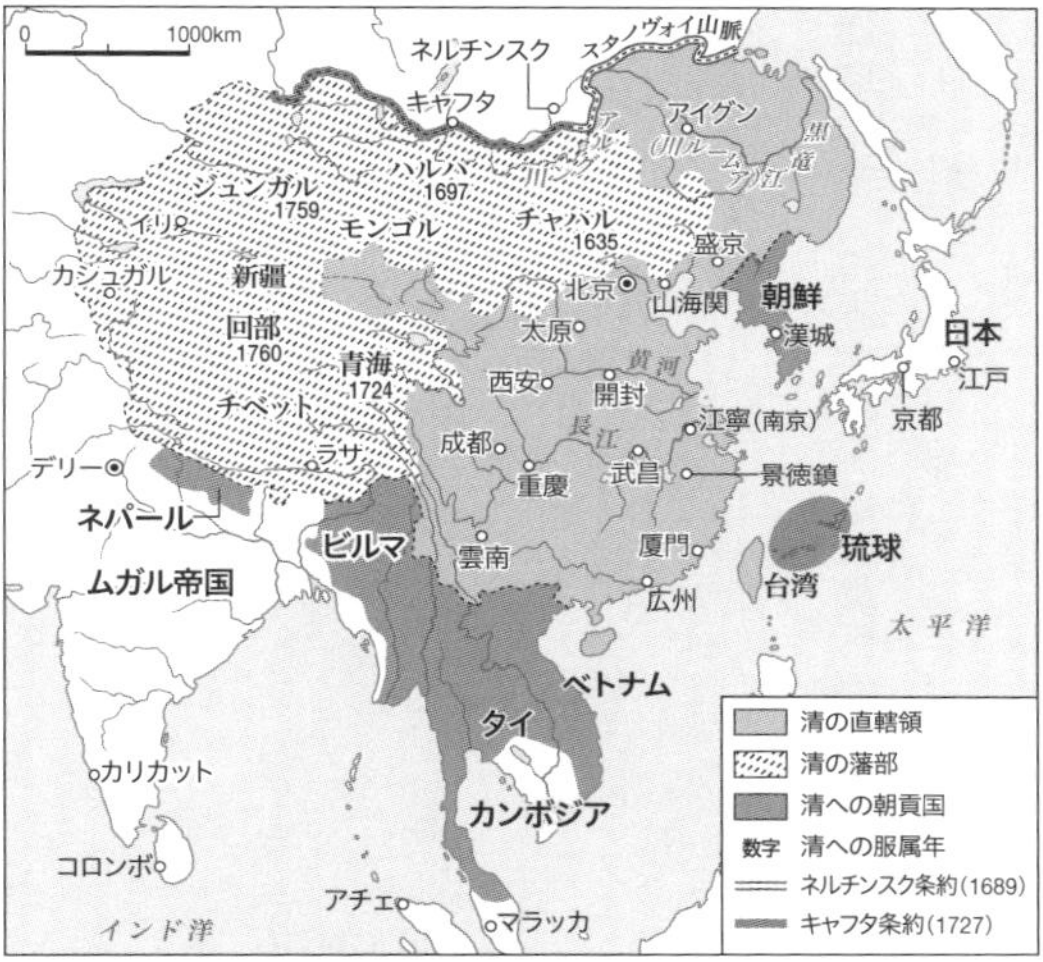

図 13　18 世紀後半の清の支配領域

図 14　『万国来朝図』にえがかれた「琉球国」と「日本国」の旗と使節

北京・故宮博物院蔵

されてしまったヨーロッパの国々などもふくまれており、恒常的に朝貢をおこない、かつ冊封をも受けていた朝貢国は琉球・朝鮮・ベトナム・シャムのみでした。要するに清の国際秩序も多分に虚構をふくみながら「演出」されていたのです。その中で琉球や朝鮮といったわずかな模範的実例は、それが完全な虚構ではないことを示す貴重な証拠として機能していたのでした。

このように琉球は、日本と清それぞれを中心／頂点とする（他の中心を認めない）国際秩序に同時に「従う」役割を引き受け、これにともなう矛盾は隠蔽策などを用いて調整することで双方の中心を成り立たせていたのです。この営みは、あくまでも清と日本の狭間《はざま》で自国を安定的に存続させるためのものでしたが、結果的には二つの大国とその国際秩序を「平和」にとなりあわせることにもつながっていました。その意味では日本と清の「境界」は琉球が主体的に運営・維持していたともいえます。

琉球と清・日本との関係は具体的にはどのようなものだったのか

では琉球と清・日本との関係は具体的にどのように維持されていたのでしょうか。

まず清に対しては、琉球から朝貢のための進貢船《しんこうせん》二隻（乗員約二〇〇人、**図15**）が二年に一度、福建省の福州に派遣されました。福州は清が指定した入港地で、柔遠駅《じゅうえんえき》（通称は琉球館）という専用の宿舎がおかれていました。この福州の役所に貢ぎものの硫黄（琉球産）をおさめると、正使・副使ら約二〇人は陸路で北京へと向かいます。残りのメンバーは福州で中国商人を相手に朝貢貿易をおこない、琉球産の海産物や日本の銀や昆布と引きかえに、中国産の生糸・絹織物・薬種（漢方薬の材料）などを買いつけました。琉球は国内産の黒糖やウコン（薬・染料）を薩摩経由で日本市場へ売却することで日本産品を入手しており、清から輸入した品々も同様に日本へと売却していたのです。貿易をすませると、一行は進貢船にのって帰国しました。

一方、北京へおもむいた一団は、紫禁城に国王の親書や残りの貢ぎもの（日本産の銅・錫）をとどけ、皇帝に謁見します。そして皇帝からの返礼品（高級絹織物など）を受領して翌年福州へもどり、琉球からのむかえの船（接貢船《せっこうせん》）一隻にのって帰国しました。この船も貿易をおこないましたので、結局、琉球は毎年清へ進貢船か接貢船を派遣して貿易をおこなっていたことになります。ただし清からは国王一代に一度、新国王の冊封のときに冊封使一行をのせた船二隻が派遣されるだけでした（この船も貿易をおこないませんでした）。

日本に対しては、国王・将軍の代替わりの際にそれぞれ「（国王の即位承認の）謝恩」と「（将軍就任の）慶賀」の使節が江戸まで派遣

図 15　進貢船

〔出典〕沖縄県立図書館蔵「唐船図」より

されます（平均して一回約一〇〇人）。江戸への使節派遣は計一七回実施されましたが、二年に一度の北京への朝貢とくらべるとかなり少なく、最大で三〇年も間があくことがありました。このため日本の人々は「滅多にみられない珍しい異国人」として琉球使節をもてはやしました。琉球もこの点を意識し、使節メンバーに対して「御外聞《おがいぶん》」（国の評判）にふさわしい、礼儀正しいふるまいをするよう命じています。

他方、島津氏の当主（薩摩藩主）に対しては年始の挨拶や中国情報の報告などのために毎年複数の使者が派遣され、鹿児島城下には琉球仮屋（のちに琉球館と改称）という専用の滞在施設もありました（**図16**）。

清・日本への使節派遣を通じて、多くの琉球人（ただし男性のみ）が「唐旅《とうたび》」・「大和旅《やまとたび》」（清・日本への旅）を経験しましたが、これは同時代の中国人や日本人にとってほとんどありえないことでした。清と日本の間には正式な国交は形成されず（一つの秩序に二つの中心は共存できないのです）、「鎖国」策により海外

図 16　鹿児島の琉球館と琉球船

〔出典〕東京大学史料編纂所蔵「薩藩勝景百図」より

忠臣二君に事えず

司馬遷『史記』（田単伝）によれば、春秋時代の斉の人王蠋《おうしょく》は、斉を滅ぼした隣国の燕から仕官をせまられると、この言葉を告げて自死したという。

渡航を禁じられていた日本人が清を訪れることはもとより、清から長崎へと来航する民間商船の乗員にも日本国内における自由な旅行は許されていなかったからです。そうした中、清・日本と公的な関係を維持し続けた琉球は、人・ものの両面において、清と琉球、日本と琉球のみならず、日本と清をも間接的に「つなぐ」存在でした。この状況下で、琉球は中国と日本の影響を大きく受けつつも、そのどちらとも異なる独自の文化や制度をつくり上げていきます（**図17**）。

琉球は日清「両属」をどのようにとらえていたのか

ところで琉球自身は日清「両属」をどのようにとらえていたのでしょうか。「忠臣二君に事《つか》えず（仕えず）」という有名な言葉がありますが、二君に事えることはそもそも儒教的にタブー視されていました。一六八〇年代後半、琉球は「二国／二君に事えることを（清から）責められるかもしれない」と危惧して隠蔽策に本腰を入れており、まさにこのタブーを意識していたことがわかります。

ところが一七一九年、冊封使徐葆光らが渡来した際に、政府が国内に向けて発した布告（**図18**）の一部に次のようなフレーズが登場しました。

「唐・日本は琉球国の父母である」と昔から言い伝え、今までその通りであったのに、今後、大清と疎意《そい》になれば親子の道を失うも同前である。（『那覇市史』資料篇第一巻一〇、八二頁）。

この布告は、冊封使船との貿易資金が不足したため人民に貴金属の供出を呼びかける目的で出され

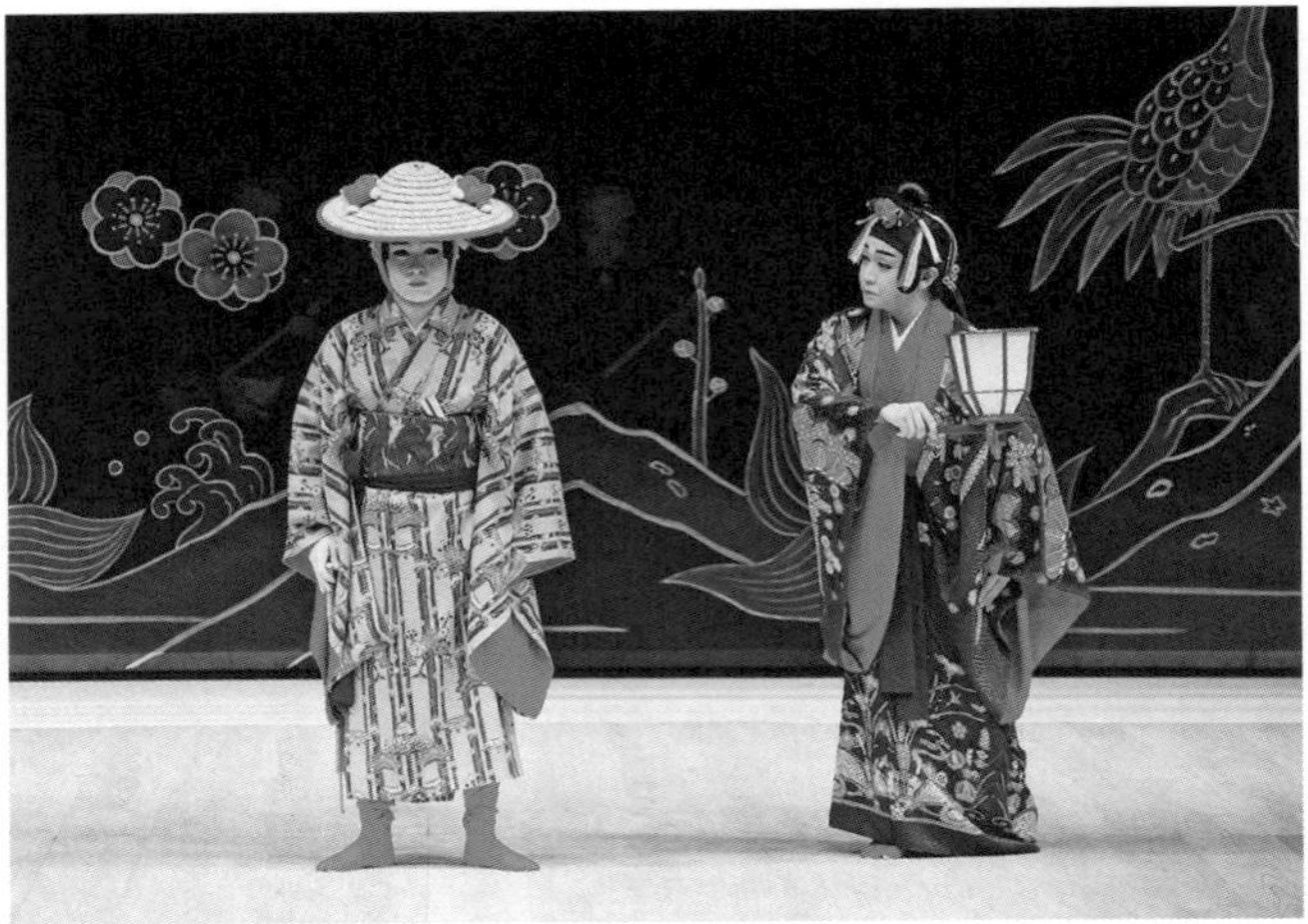

図 17　組踊《くみおどり》「執心鐘入《しゅうしんかねいり》」の一場面　組踊は琉球独自の歌舞劇で、琉球古来の芸能や故事をもとに、日本の芸能と中国の演劇を参考にして 18 世紀に創始された。

国立劇場おきなわ提供

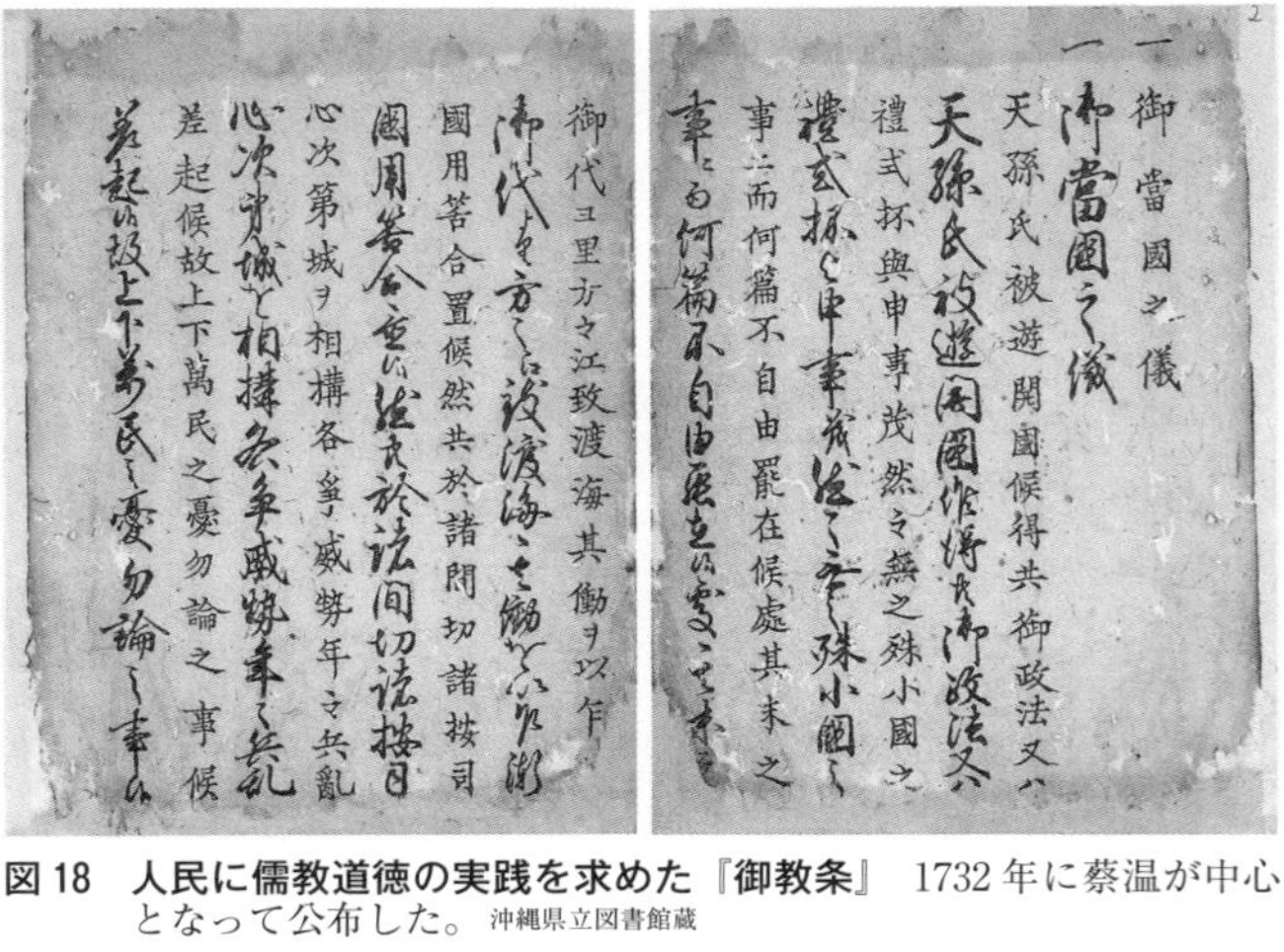

一 御當國之儀
天孫氏被遊開闢候得共御政法又ハ
禮式抔與申事茂然々無之殊小國之
事ニ而何篇不自由罷在候處其末之
御代ヨリ方々江致渡海其働ヲ以年
國用箸合置候然共於諸問切諸掟司
心次第城ヲ相構各争威勢年々兵亂
差起候故上下萬民之憂勿論之事候

図 18　人民に儒教道徳の実践を求めた『御教条』　1732 年に蔡温が中心となって公布した。 沖縄県立図書館蔵

たもので、冊封使一行との交渉を担当した蔡温《さいおん》という高官の意向が強く反映されているとみられます。蔡温は明代に琉球の久米村に移住した華人の子孫で、福州に二年駐在して任務のかたわら儒教（朱子学）を学び、帰国後は国王の教育係に任じられて久米村から都・首里に居を移していました。まもなく冊封使が渡来して貿易資金の問題が発生しますが、蔡温は先の布告などを通じて「老若男女の（貴金属製の）簪《かんざし》や家々にある銅・錫の器物《うつわ》をかき集めて貿易資金をおぎなうと同時に、貿易額の値下げ交渉にも成功し、なんとか「大清と疎意に」ならずに穏便にことをおさめます。この功績により蔡温は副宰相（三司官座敷《さんしかんざしき》）に抜擢され、さらには宰相（三司官）となりました。

国政の中枢に立った蔡温は、統治イデオロギーとして儒教思想を積極的に導入し、孝行や忠義に基づく社会的序列、つまりは儒教秩序に則った国家の構築をめざします（図18参照）。そうすれば琉球のような「小国」であっても、清や日本のような「大国」同様に、儒教のレベルでは「一人前の国家」になることができる――蔡温はそう考えていたのです。「唐・日本は琉球国の父母である」として「両属」を肯定する表現も、おそらくはこうした思想の中から生み出されたのではないでしょうか。これにより「両《ふたつ》に属す（従う）」ことは儒教的タブーではなく、孝行という儒教道徳の実践として正当化され、「儒教秩序に叶った国」という国家アイデンティティと矛盾しない、いやむしろこれを強化する重要な要素となったのです。

4　近代国家と琉球

なぜペリーは琉球を主権国家とみなしたのか

やがて十八世紀末になると琉球にもヨーロッパ船がやってきます。当初は海域調査や水・食料の補給が目的でしたが、アヘン戦争(一八四〇～四二年)を契機に欧米諸国が東アジア進出を本格化すると、フランス・イギリスがあいついで通商や布教を求め、琉球の拒絶にもかかわらず両国の宣教師が那覇に滞在し始めました。とくにフランスは複数の艦隊を派遣して強硬に通商を求めたため、幕府老中首座《しゅざ》(筆頭)の阿部正弘《あべまさひろ》は、フランスの要求をこばんで万一琉球との間に紛争が生じたら「(日本の)御国体に拘《かか》わる」との思いから、「琉球は外地」(「鎖国」策の対象外)という理屈でフランスとの小規模な貿易を黙認しようとします。その背景には、琉球を「異国/国外」として日本から切り離し、外国とのトラブルを琉球でくいとめようとしてきた明清交替(一六四四年)以来の幕府・薩摩の姿勢がありました。ただしこのときは琉球の嘆願を受けた清の働きかけなどによりフランス勢が退去したため、貿易開始にはいたりませんでした。

そして一八五三年五月下旬、ペリーひきいるアメリカ東インド艦隊が那覇港に姿をあらわします。当時のアメリカは中国への時短ルートである太平洋横断航路の開設を急務としており、そのためには途中で蒸気船の燃料（石炭）や食料を補給する必要がありました。そこで日本に条約締結による開国を求めることにしたわけですが、実はその目的の中には「（日本の）本島でなくても、少なくとも近海の小さな無人島の一つに、石炭貯蔵庫を設ける認可をえることがきわめてのぞましい」という内容がふくまれており、ペリーは琉球をその具体的な候補地と考えていたのです（琉球は無人島ではありませんでしたが……）。

那覇に到着したペリーは首里城を強制的に「表敬訪問」した上で（**図19**）、七月（旧六月）には艦隊四隻で日本（浦賀）に向かい、大統領の国書を幕府に提出して開国を求めました。それから那覇にもどって琉球に石炭貯蔵庫の設置を認めさせると、ただちに倉庫を新設して輸送船で中国から石炭を搬入しています。そして翌一八五四年三月（旧二月）、二度目の日本訪問の際に「浦賀か神奈川・蝦夷の松前・琉球の那覇の開港」を幕府に要請しました。なぜ琉球の政府（首里王府）ではなく幕府に琉球の開港を要請したのかといえば、「琉球は日本の属領であり、日本と同じ法律によって統治されている」と考えていたからです。琉球は欧米諸国に対しても日本との主従関係を隠蔽し、清（だけ）の忠実な朝貢国としてふるまっていましたが、琉球が日本の支配を受けていることは欧米にもよく知られており、ペリーは琉球を日本の主権下にあると認識していたのでした。

ところがペリーの要請に対して、幕府は浦賀／神奈川の代わりに下田の、松前の代わりに函館の開港を認める一方で、那覇に関しては「琉球は遠境（遠い国境《くにざかい》）に属しているので、いまその開港について十分に対応できない」と回答し、交渉の主体となることを放棄します。それは琉日関係の隠蔽策により、幕府も諸外国に対して琉球が日本の支配下にあることを明言しない方針をとっていたからでした。ペリーは「二度目に日本を訪れたとき、私は帝国政府が琉球の王府やその住民にほんの軽微な権威を維持しているに過ぎないことを確信させられた」(『ペリー日本遠征日記』)としるしており、琉球と日本の関係について認識を改めたことがうかがえます。どうやら日本の主権は那覇を開港できるほどには琉球に及んでいない、ということは琉球の主権は琉球にある、とペリーは考えるようになったのです。本章冒頭に示した「琉球はある程度は独立した主権国家であるようです」という、やや歯切れの悪いペリーの見解は、こうして生じたものと考えられます。

ペリーは琉球とどのように条約(協定)を結んだのか

日米和親条約の締結後、ペリーは「主権国家」と認識し直した琉球に対して那覇開港(開国)を求めるため、改めて那覇を訪れました。そしてアメリカ船に対する水・燃料の提供や難破船の救助をもりこんだ条約案を提示したところ、日米和親条約がすでに締結されていたこともあり、首里王府は強く抵抗することなく開国に応じます。けれどもペリーにとって意外なことに、条約の「前文」にだけは断固として異議をとなえました。これについてペリーの通訳官ウィリアムズは**資料4**のようにしるしています。

図19　首里城を訪問するペリー一行

〔出典〕アメリカ議会図書館蔵『ペリー提督日本遠征記』より

資料4　ペリーの通訳官ウィリアムズの日記

驚いたことに、彼ら(琉球人)が最大の異議を唱えたのは〔条約の〕前文についてであった。これには、琉球とアメリカ合衆国とは友好条約を締結するに至ったと謳《うた》ってあった。この点が〔琉球人が〕忠誠を誓っている中国皇帝を立腹させるのではないだろうか、この前文で主張しているように、我々(琉球人)が独立国としての立場をとると、皇帝の激怒を買うのではないかというのであった。……彼らは薩摩との貿易については何も語りたがらず、私が鹿児島へも朝貢しているのかどうかと尋ねても返答しなかった。〔しかし〕中国へ朝貢していると認めることについては、彼らは屈辱を感じるどころか、喜んでいるようだった。

〔出典〕サミュエル・ウィリアムズ(洞富雄訳)『ペリー日本遠征随行記』講談社学術文庫、2022年。

この記述からは、アメリカが琉球を対等な独立国(主権国家)とみなして条約を結ぼうというのに、なぜ琉球は中国との上下関係を気にするのか、そもそもどうして中国に従うことを「喜ぶ」のか、ウィリアムズが首をひねっている様子が伝わってきます。ウィリアムズの疑問にはどのような背景があったのでしょうか。

ヨーロッパではすでに、相互に対等な主権国家同士が条約に基づいて外交関係を取り結ぶ国際秩序(主権国家体制)が形成されていました。この秩序においては、どんなに「大国」(または「小国」)であっても、あるいは条約の内容が不平等であっても、条約を結んだ国同士は主権国家としては対等であるという「設定」になっています。

これに対して、東アジアにおける国と国との関係は、〈野蛮な「夷狄」(周辺諸国)の首長が、高度な文明をもつ「中華」(中国)の皇帝の高い徳をしたって、自発的に臣下となり遣使・貢納する〉という「設定」(ないしはその変型)に基づく主従関係、つまりは上下の関係でした。要するに国と国の関係について、アメリカと琉球の「常識」は真逆だったのです。とくにアメリカは、イギリスとの戦争を通じて十八世紀後半に植民地を脱し、独立国となった経

国家間の関係の「常識」

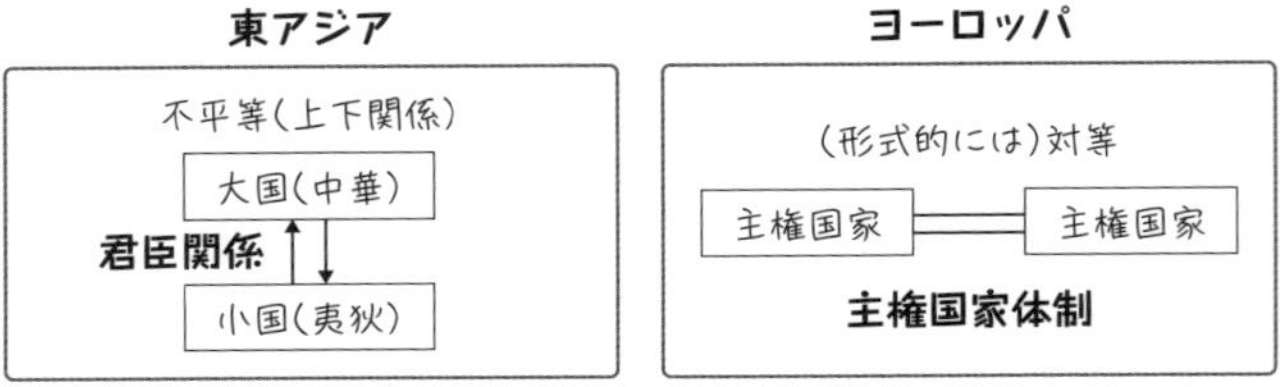

緯がありますので、対等関係を肯定し、上下関係を否定する心情が強かったのかもしれません。
一方、琉球は清・日本の「下」の立場を積極的に受け入れ、清に対しては日本の支配をかくしつつ「忠実な朝貢国」としてふるまうことで、自らの立場を保全してきました。また欧米諸国に対しても同じ姿勢でのぞみました。ペリーが「(琉球は)中国との関係の方を好んでいる」(**資料1**参照)と感じたのはこのためです。

そして琉球の「上国」である清は、一八四四年にすでにアメリカと主権国家同士の条約(望厦《ぼうか》条約)を締結していました。このためもし琉球が主権国家としてアメリカと条約を結ぶと、清と対等なアメリカと、琉球も対等ということになってしまい、琉球の「下国」としての立場がくずれてしまいます。それでは清に対する面目が立たないので、せめてアメリカと対等ではない(「下国」の)立場で条約を結ばなくてはならないと琉球は考えたのでしょう。

それはペリーやウィリアムズには理解できないことでしたが、だからといって那覇の開港をあきらめるわけにもいきません。そこでペリーは琉球の要求を聞き入れ、条約前文を削除します。ただしそれでは主権国家同士の条約(Treaty《トリーティ》)の体裁を満たさないため、ペリー自身の判断によって、より簡易な契約形態である協定(Compact《コンパクト》)の形で締結しました。この条約(協定)は翌一八五五年、米国議会の承認を経て批准され、原本はいまも外務省外交史料館(東京)(**図20**)・アメリカ国立公文書館(ワシントンD.C.)にて一部ずつ保管されています。

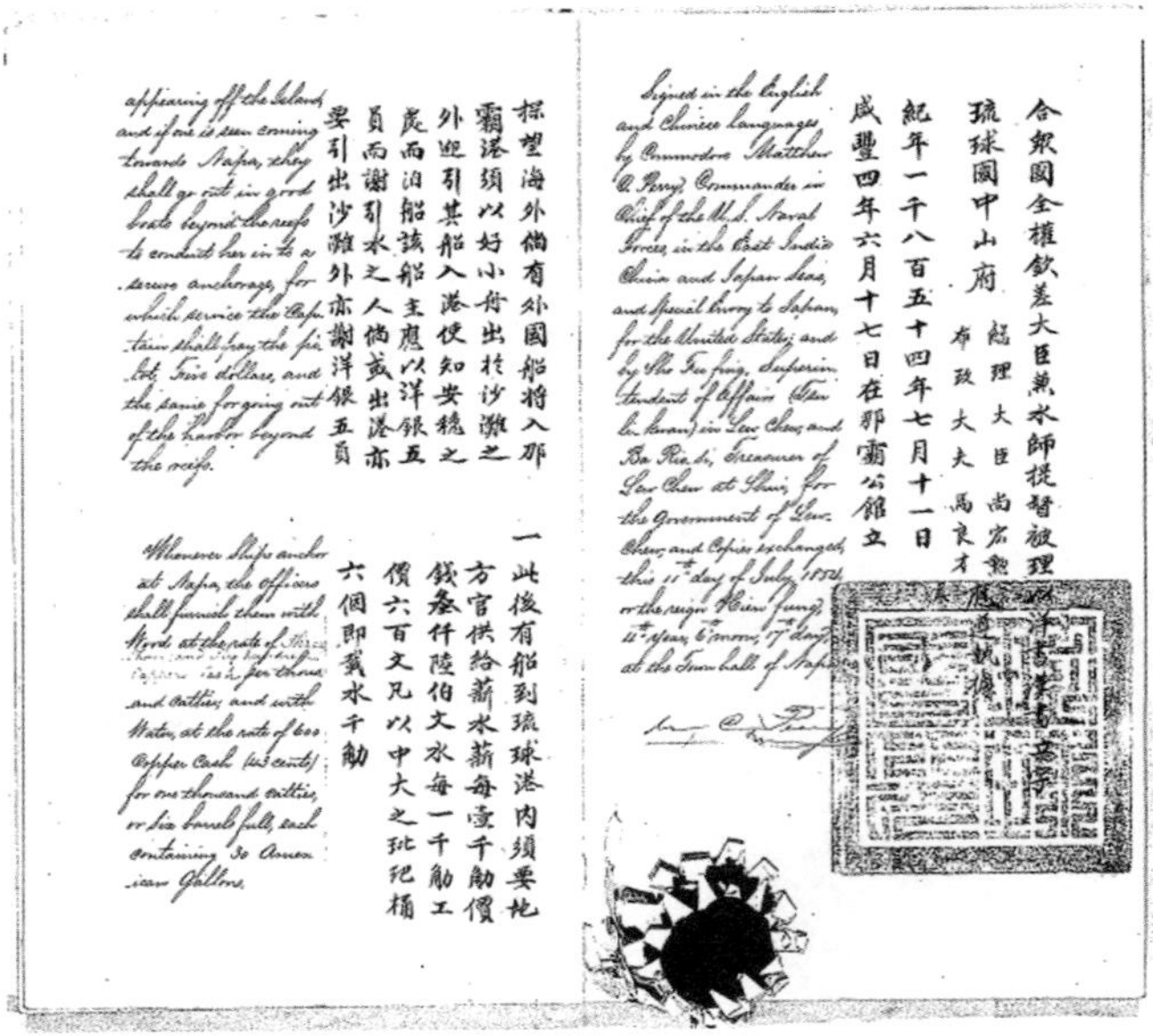
appearing off the Island, and if one is seen coming towards Napa, they shall go out in good boats beyond the reefs to conduct her in to a secure anchorage, for which service the Captain shall pay the pilot Five dollars, and the same for going out of the harbor beyond the reefs.

採望海外倘有外國船將入那霸港須以好小舟出於沙灘之外迎引其船入港使知安穩之處而泊船該船主應以洋銀五員而謝引水之人倘或出港亦要引出沙灘外亦謝洋銀五員

Whenever Ships anchor at Napa, the officers shall furnish them with Wood at the rate of Three thousand six hundred copper cash per thousand catties; and with Water, at the rate of 600 copper cash (43 cents) for one thousand catties, or six barrels full, each containing 30 American Gallons.

一 此後有船到琉球港內須要地方官供給薪水薪每壹千觔價錢叁仟陸伯文水每一千觔工價六百文凡以中大之桶六個即貳水千觔

Signed in the English and Chinese languages by Commodore Matthew C. Perry, Commander in Chief of the U.S. Naval Forces in the East India, China and Japan Seas, and Special Envoy to Japan, for the United States; and by Sho Fu-fing, Superintendent of Affairs (Tsung-li-kwan) in Lew Chew, and Ba Rio-si, Treasurer of Lew Chew at Shui, for the Government of Lew Chew; and Copies exchanged, this 11th day of July, 1854, or the reign Hien-fung, 4th year, 6th moon, 17th day, at the Town hall of Napa.

合衆國全權欽差大臣兼水師提督被理

琉球國中山府 總理大臣 尚宏勲 布政大夫 馬良才

紀年一千八百五十四年七月十一日

咸豐四年六月十七日在那霸公館立

図 20　琉米条約(協定) 外務省外交史料館蔵

計7条が英文・漢文で記され、英文にはペリーがサインし、漢文には「琉球国印」が押される。冊子体(計5頁)で綴じ糸が赤蝋で封印されている(写真中央右下)。

ペリー来航は幕府の「両属」認識にどのような影響をあたえたのか

前述したように、幕府は欧米諸国に対して日本の琉球支配を明言しない方針をとっていました。だからこそペリーが那覇の開港を幕府に求めたときにも対応をことわったのですが、これを契機に老中首座の阿部正弘は「日本が琉球に関与しないとこたえたら、たちまち彼（アメリカ）へ（琉球を）とられてしまうだろう」と危惧するようになります。現代的な感覚からすると不思議に思えるかもしれませんが、これまで幕府には「欧米に対してどのように琉球との無関係をよそおうか」という意識こそあれ、欧米に琉球を占領されるのではないかといった「領土問題」的な発想はほとんどありませんでした（ということは現在のわれわれが「領土問題」でヒートアップするのも、歴史的にみれば「あたりまえ」の現象ではないのです）。

さて危機感をいだいた阿部は、日米和親条約の締結後、ペリーがまだ日本にいる段階で、幕府内の関係者に対して「琉球は日本と唐土（清）に随従しているが、表立って（公式に）称するときにはどちらの属国とすべきであろうか」と諮問します。すると①「唐国は父のごとく日本は母の

阿部正弘（1819〜57）

幕末の老中首座。備後《びんご》福山藩主。ペリーの開国要求などの「国難」に、徳川斉昭《なりあき》（前水戸藩主）・島津斉彬（薩摩藩主）らと連携・協調しつつ対応し、和親条約を締結した。

ごとき意味なので、しいていえば唐国の属国であろう」、②「(日清)いずれとも決めがたい」、③「『唐土の属国』ではなく『両国(日清)随従の国』とすべきである」という三つの回答がよせられましたが、「日本(だけ)の属国」という意見は出ませんでした。また阿部が別途、薩摩藩主島津斉彬《しまづなりあきら》に「両属」の公言について問い合わせたところ、島津からは、これまで隠蔽策を実施してきた琉球の立場を考慮して、今回は「事実」を公言せず、今後公言するのであれば琉球を承知させてからにしてほしいと要請されます。結局、阿部はペリーに対しては「両属」公言を見送りました(その後ペリーは琉球におもむき、琉米条約を結びます)。

やがて阿部正弘も島津斉彬も世を去った後、一八六〇年代に入ると、ようやく幕府は欧米諸国に対して、琉球は清の朝貢国であると同時に日本にも従う国であると明言し始めます。かくすのをやめただけですから「現状」は何も変わっていないのですが、これまでの二〇〇年近い隠蔽策の歴史の中では一つの大きな画期といえます。ただしこの段階で日本(幕府)が開国していたのは欧米の国々のみでしたから、開国していない清や朝鮮に対しては両属の公言はなされませんでした。また当事者であ

島津斉彬(1809〜58)

幕末の薩摩藩主。藩政の刷新をはかり、殖産興業化・富国強兵策を推進した。琉球を介して海外貿易の拡大や蒸気軍艦の購入を構想したが、その急死により頓挫した。

る琉球も幕府の方針転換を知らされず、粛々と隠蔽策を継続していました。

ここで強調しておきたいのは、幕府が「両属」という旧来のあり方以外の選択肢を「思いつけなかった」という点です。主権国家の論理が世界中に浸透した現在、「両属」はおそらくどの国の選択肢にもなりえないことでしょう。けれどもそれと同じように、この時期の幕府は、そしてまた琉球にとっても、「日本(だけ)の属国」とか、ましてや「琉球の独立」などという選択肢はありえませんでした。東アジアの伝統的な国際秩序――清の国際秩序も日本の「国際」秩序もふくみます――の中では、どんなに頑張っても「両属」しか思いつけない、それくらい「両属」は「あたりまえ」のことだったのです。

明治政府ははじめ琉球にどのように対応したのか

ところが一八六八年に幕府に代わって成立した明治新政府は、欧米列強の国際秩序(主権国家体制)への参画をめざし、幕府も琉球も想定しえなかった選択肢、すなわち琉球併合を一八七九年に強行します。とはいえ政府ははじめからこの目的を掲げていたわけではありません。では維新初期の政府の琉球に対する政策はどのようなものだったのでしょうか。

一八七一年、政府は「万国と対峙する」(欧米と肩をならべる)ことをめざして廃藩置県を実施し、中央集権化をはたします。これにより薩摩藩が消滅したため、その支配下にあった「外国」琉球と日本

（明治政府）との関係を改めて設定する必要が生じました。政府は対策を検討し、急進的併合や「両属」公認といった案も出る中、外務卿（外務省長官）副島種臣《そえじまたねおみ》の提案を採用します。それは琉球国王尚泰《しょうたい》――すでに清による冊封を受けていました――を新たに「琉球藩王」に冊封して、明治天皇と琉球国王の君臣関係を一方的に設定するというものでした。このために一八七二年、国王の名代として琉球の使者を上京させ、**資料5**のような明治天皇の詔書（任命書）をあたえます。

明や清の皇帝の命令（八三・九五頁）とくらべてみるとよくわかると思うのですが、この詔書は朝貢国の君主に対する中国皇帝の「お言葉」にならったものでした。従ってここでいう藩も、「江戸時代の藩」ではなく「藩属国（朝貢国）」の意味合いが強いと考えられます。欧米なみの国家をめざしていたにもかかわらず、明治政府はなぜ冊封という東アジアの伝統的な国際秩序の手法を用いたのでしょうか。

実は副島も将来的には琉球を併合したいと考えていました。けれども日本はちょうど前年（一八七一年）に外国との最初の対等条約として日清修好条規を締結し、その批准書をこれから交換しようという段階にあり、清との摩擦や紛争をさけることが重視されていました。このためたんに日本と琉球の間で「琉球は日本（明治政府）にも属している（従っている）」ということを明確化しただけで、清と琉球の関係はそのまま認め、また清にも「藩王冊封」を知らせませんでした。要するに清や琉球に対しては旧来の東アジアの秩序をそこなうことなく対処したのです。

副島種臣（1828～1905）

幕末・明治初期の政治家。旧佐賀藩士。1871 年に外務卿となり、琉球の「藩王冊封」などを主導した。1873 年の征韓論政変で下野するが、のちに内務大臣などを務めた。

尚泰（1843～1901）

琉球最後の国王。1866 年に清の冊封を受けた。明治政府による琉球併合(1879 年)により東京へ連行され、侯爵となる。死後は王家の墓所である首里の玉御殿《タマウドゥン》に葬られた。

資料５　尚泰を「琉球藩王」に冊封する明治天皇の詔書

朕は天命により万世一系の帝位を継いで天下に君臨している。琉球は〔日本に〕近い南方にあり、人・物も言語・文字も日本と同じで、代々薩摩の附庸《ふよう》(附属)であった。爾《なんじ》、尚泰は〔天皇に〕勤誠を表明してきたので爵位をあたえるにふさわしい。〔これまでの無位無爵から〕琉球藩王に昇格させ、華族の身分を授けることにする。爾、尚泰よ、その藩屛《はんぺい》(守護)の任は重い。人民の上に立ち、ひたすらに朕の意を体現し、長く皇室の助けとなるように。

〔出典〕松田道之「琉球処分」下村冨士男編『外交編』(明治文化資料叢書 4)、風間書房、1962 年。

一方でアメリカ・フランスの駐日公使には、副島から「日本が琉球を合併した」という事実とは異なる情報を通知します。また「藩王冊封」により琉球を外務省の管轄下におき、琉球と欧米(米・仏・蘭)との条約原本も、外務省が強制的に回収しました(だから現在、琉米条約は外務省外交史料館が所蔵しているのです)。つまり欧米諸国に対しては主権国家として琉球を併合したかのようにふるまい、同時に欧米諸国に対する琉球の外交権も剝奪したのです。

琉球(首里王府)は当初、明治維新についてたんに江戸幕府が明治政府となり、薩摩藩が鹿児島県に替わっただけととらえていましたが、「藩王冊封」後の政府の動きにしだいに不安をいだきます。そこで王府は副島に働きかけ、一八七三年に「琉球は国体・制度とも従来通りであり、……内政はすべて藩王(国王)に任せるので少しも懸念することはない」との言質《げんち》をえました。さらに翌年には外務省に文書化を求め、「永久に国体・政体は変わらず、清国との交通(外交)もこれまで通り」という確認文書を受領しています。しかし副島は実のところ、「琉球は頑固に旧法を確守する風俗ゆえに、人情・時機をみはからっておいおい制度を改正しよう」と考えており、先の発言は琉球の不安や抵抗をおさえるための一時的なパフォーマンスに過ぎませんでした。

明治政府はなぜ琉球を併合したのか

一八七三年、副島種臣は征韓論をめぐる政争に敗れて政府を去り、新たに実権を掌握した大久保利通《おおくぼとしみち》が内務省を発足させて初代内務卿に就任します。大久保は、東アジアと欧米に対して外交姿勢を使い分けるこれまでの方針を改め、東アジアの国際秩序の「変更」に挑みました。

まず一八七四年に台湾への出兵（遠征）を強行します。その理由は、一八七一年に台湾南端の先住民居住地で発生した琉球漂流民（漁民）の殺害事件に対する報復でした。大久保は、台湾の先住民居住地を万国公法《ばんこくこうほう》（近代国際法）上の「無主地《むしゅち》」（主権国家が確立されていない土地）である――だから出兵しても問題はない――とみなし、「我が藩属たる琉球人民の殺害」に対する報復は「日本帝国政府の義務」であると主張します。けれども清は、台湾は「無主地」ではなく自国の領土であり、日本の出兵は相互の領土不可侵を約した日清修好条規に違反しているとして日本に強く抗議しました。その後、両国は交渉を開始しますが、万国公法を掲げる日本と日清修好条規を根拠とする清の主張は折りあわず、交渉はたびたび破局しかけます。この間に明治政府は、これまでのように

大久保利通（1830～78）

幕末・明治初期の政治家。旧薩摩藩士。1873年の征韓論政変にて西郷隆盛らをしりぞけ、参議兼内務卿となり、政権を掌握する。74年に琉球を内務省に移管すると、琉球帰属問題を主導した。78年に不平士族により暗殺される。

外務省が琉球を管轄していると「〔琉球が〕外国の姿にみえてしまう」として、琉球を内務省へと移管しました。

結局、イギリスの仲介などもあり、清は最終的に、日本の撤兵と引きかえに台湾出兵を「日本国属民等」のための「義挙《ぎきょ》」と認めます。明治政府はこれを「清が琉球人を我が属民と認めた」と解釈しましたが、その琉球は清への朝貢を続けており、主権国家として日本が琉球を領有しているとは主張しきれない現実がありました。そこで大久保は「万国交際の今日《こんにち》に、このまま差しおいては他日の支障をまねくかもしれない」として、「〔琉球と〕清との関係の一掃」を決意します。

一八七五年、大久保は内務省官僚の松田道之《まつだみちゆき》を琉球に派遣し、首里王府に対して清との関係の断絶を要求しました。驚愕した王府は喧々諤々《けんけんがくがく》の討論を経て、「力の限り心をつくして固辞しないわけにはいかない」と議決し、日清は「父母の国」であり、「幾万世《いくよろずよ》も変わらず忠誠をはげみたい」と、儒教の論理（孝行・忠義）を用いて「両属」の維持を嘆願します。

これに対して松田は、琉球は「地勢・人種・風俗・言語」などの面か

松田道之（1839～82）

明治初期の官僚。旧鳥取藩士。1875年、内務卿大久保利通のもとで内務大丞に抜擢され、琉球併合を担当する。同年7月、79年1月に琉球に赴いて政府令達を伝え、79年3月には軍隊・警察を率いて来島し、王国の廃止と沖縄県の設置を強行した。

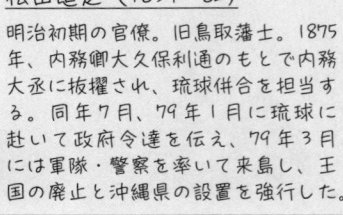

ら「我が日本国の版図であることはいうまでもない」という前提のもと、「世界の条理〔道理〕・万国の公法に照らして〔国の〕権利をまっとうしないことには〔日本は〕独立国として成り立たない」、「我が版図であるのに他国に臣従させて『両属の体』をとらせるのは〔日本の〕国権が立たない最大の要因である」と反論し、あくまでも日本の主権〔国権〕のために琉球の日本専属を主張しました。

王府は「琉球は日本と中国の中間にあるので人種・風俗も両国ににており、言語は普段の交通が頻繁なために日本ににているのであって、これらを根拠にどちらか一方に定まるとはいい難いのではないか」と抗議しますが、国王の側仕《そばづかえ》であった喜舎場《きしゃば》朝賢《ちょうけん》によれば「〔王府の〕いうことはことごとく松田に挫折・排斥されて一つも功を奏さなかった」とのことです。

この少し前まで、琉球の「両属」は、東アジアにならび立つ二つの伝統的な国際秩序――清の国際秩序と日本の「国際」秩序――の狭間で確かな役割をはたしていたはずでした。けれども別次元の秩序〔主権国家体制〕への完全移行をめざす明治政府にとって、「両属」はもはや日本の主権の障害でしかありません。しかしそれは東アジアの国際秩序の次元に立つ琉球には理解できないことでした。このため松田が「両属」を否定すればするほど、琉球はいっそう熱心に両国への忠誠を訴えたのですが、それは松田にとって日本の主権に対する琉球の挑戦／抵抗にほかなりません。両者の主張はどこまでもまじわらず、平行線のままでした。

一八七六年、琉球はついに密使を派遣して清に窮状を訴え、一八七八年には清国政府の指示を受けた初代駐日公使何如璋《かじょしょう》が明治政府に抗議して、「琉球の国体・政体を従来通り維持させ、清に対する琉球の朝貢を阻止しない」よう求めます。しかし外務卿の寺島宗則《てらしまむねのり》はこれを「暴言」と非難してとりあいませんでした。

その少し前、大久保の暗殺という不慮の事態が発生しますが、代わって伊藤博文が内務卿となり、松田に策定させた「琉球藩処分案」にそって琉球併合を進めます。ここでいう「処分」とは、これまで琉球が琉清関係の断絶をはじめとする政府命令に従わなかったことに対する処罰という意味でした。一八七九年一月、松田は那覇を再訪して王府に最後通告をおこない、「もし政府命令に従わないのであれば相応の処分に及ぶ」ことを伝えますが、清の救援に期待を高めていた王府は拒否の姿勢を貫きます。そこで松田は東京にもどり、三月に警察官約一六〇人と軍人約四〇〇人をひきいてふたたび那覇に向かいました。

三月二十七日、松田は首里城にて「藩を廃して沖縄県をおく」という政府「処分」を申しわたします。この新たな県名は沖縄島(本島)の名称に由来するものでした。翌日、王府高官らは嘆願書を提出し、「当藩は自ら開闢《かいびゃく》(創始)し、もとから君主の権を有し、御内地の旧藩とは異なっている」と処分の免除を求めますが、松田は書状を読まずに差しもどします。二十九日には松田の指示により首里城の明け渡しがおこなわれ、尚泰は多くの臣下に護衛されてひとまず嫡子尚典《しょうてん》の邸宅(中城御殿《なかぐすくウドゥン》)へ移動しました。喜舎場朝賢はその様子について「尚寧王が薩摩兵にせまられて城を引き渡し、三司官名護《なご》親方《ウェーカタ》(重臣の一人)の邸宅に移られたこととまったく一致している」としるしており、琉球併合を島津氏の琉球侵攻とかさねて受けとめていたことがうかがえます。

四月四日、明治政府は琉球藩の廃止と沖縄県の設置を全国に公布し(**図21**)、翌日には旧肥前鹿島藩主鍋島直彬《なべしまなおよし》を初代沖縄県令に任命しました。尚泰は五月に強制的に上京させられ、首里城は陸軍の兵営となります。こうして琉球は、日本の主権国家の論理とあいいれない存在として強制的に解体されました。

琉球／沖縄はどのように「日本」になったのか

琉球併合から二年を経た一八八一年、文部省は小学校用の唱歌の一曲として「蛍の光」(当初の題名は「蛍」)を制定しました。その四番の歌詞は「千島の奥も沖縄も八洲《やしま》(日本)の内の守りなり。至らん国に勲《いさお》しく、つとめよ我が背《せ》(夫や兄弟)、つつがなく」となっていて、一八七五年の樺太・千島交換条約で日本領となった千島列島とならんで、沖縄もさっそくもりこまれ、南北の国境防衛が説かれています。けれども当時の沖縄は内からみても外からみても、まだ「八洲の内」とはいい切れない状況にありました。

明治政府による併合後、沖縄では旧官人層を中心に新県政に対する不服従や非協力の動きがあいつぎますが、県当局は逮捕・拷問をともなうきびしい弾圧を展開し、おさえ込みを図ります。このため

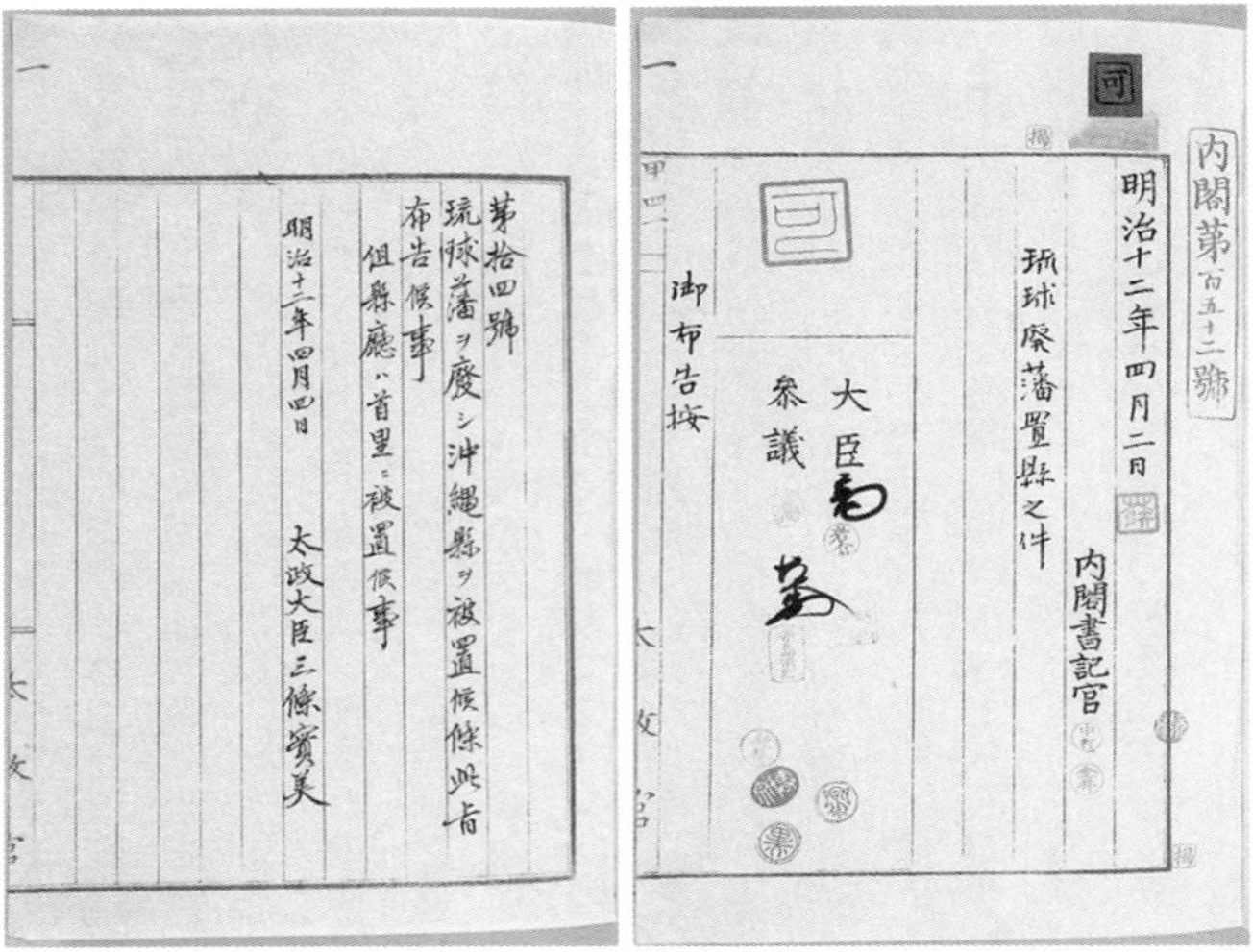

内閣第百五十二號

明治十二年四月二日

琉球廢藩置縣之件

内閣書記官

大臣

参議

御布告按

第拾四號

琉球藩ヲ廢シ沖縄縣ヲ被置候條此旨

布告候事

但縣廳ハ首里ニ被置候事

明治十二年四月四日

太政大臣三條實美

図 21　琉球廃藩置県の布告文　国立公文書館蔵

図 22　救国運動のために渡清し、日清戦争後に帰国した人々

〔出典〕那覇市企画部市史編集室編『那覇百年のあゆみ』同室、1980 年。

抵抗活動は清に密航・亡命して救援を嘆願する救国運動へと重心を移していきました。

一方、朝貢国を失った清は明治政府に抗議して琉球併合の撤回を求め、日清関係は緊張します。ただし両国とも衝突はさけたいと考えていたことから、アメリカ前大統領グラントの仲介のもと、一八八〇年に北京で交渉が開始されました。その結果、両国は琉球の一部(宮古・八重山)を清の領土とし、そこに琉球(=清の朝貢国)を復国させ、引きかえに日清修好条規を改約して日本の清国内での通商権を認める条約案にて妥結します。けれども国際状況(とくに露清関係)の変化や、清で救国を訴えていた「琉球人」が王国領の完全な復活を求めて精力的な抗議活動を展開したことなどの影響で、清は条約調印を引き延ばし、日清交渉は棚上げとなりました。

日清は一八八三年まで水面下で交渉し、条約復活の可能性をさぐりますが、その後は朝鮮の支配権をめぐって対立を深め、ついに開戦にいたります(日清戦争、一八九四〜九五年)。結果的に日本が勝利して台湾を領有したため、日清間の国境は台湾まで南下し、琉球の所属問題はなし崩し的に消滅しました。たのみとしていた清の敗北に、救国運動は急速におとろえ、渡清した「琉球人」の多くが帰国します(図22)。こうして日本の国境から少しだけ遠ざかった沖縄は、歴史上はじめて絶対的な存在となった「日本」と向き合いながら、ほかに選択肢のない「同化」の道を本格的に歩み始めることになりました。やがて「蛍の光」は、日清戦争に加えて日露戦争(一九〇四〜〇五年)の結果をも反映し、「台湾の果ても樺太も八洲の内の守りなり」と歌われるようになります。

参考文献

秋山道宏・古波藏契・前田勇樹編『つながる沖縄近現代史』ボーダーインク、二〇二一年
入間田宣夫・豊見山和行『北の平泉、南の琉球』(日本の中世五)中央公論新社、二〇〇二年
ウィリアムズ、サミュエル(洞富雄訳)『ペリー日本遠征随行記』講談社学術文庫、二〇二二年(※原著も参照した)
上里隆史『海の王国・琉球——「海域アジア」屈指の交易国家の実像』(歴史新書)洋泉社、二〇一二年
榎本渉『僧侶と海商たちの東シナ海』講談社学術文庫、二〇二〇年(初出二〇一〇年)
大日方純夫『唱歌「蛍の光」と帝国日本』(歴史文化ライブラリー)吉川弘文館、二〇二二年
大田由紀夫「ふたつの「琉球」——一三・一四世紀の東アジアにおける「琉球」認識」木下尚子編『一三~一四世紀の琉球と福建』(平成一七~二〇年度科学研究費補助金基盤研究(A)(二)研究成果報告書)二〇〇九年
勝田政治『大久保利通と東アジア——国家構想と外交戦略』(歴史文化ライブラリー)吉川弘文館、二〇一六年
紙屋敦之『幕藩制国家の琉球支配』校倉書房、一九九〇年
岸本美緒・宮嶋博史『明清と李朝の時代』(世界の歴史一二)中央公論社、一九九八年
喜舎場朝賢『琉球見聞録』至言社、一九七七年
後多田敦『琉球救国運動——抗日の思想と行動』出版舎Mugen、二〇一〇年
スミッツ、グレゴリー(渡辺美季訳)『琉球王国の自画像——近世沖縄思想史』ぺりかん社、二〇一一年(原著一九九九年)
高良倉吉『琉球の時代——大いなる歴史像を求めて』ちくま学芸文庫、二〇一二年(初出一九八〇年)
ティネッロ、マルコ『世界史からみた「琉球処分」』榕樹書林、二〇一七年

トビ、ロナルド『「鎖国」という外交』(日本の歴史九)小学館、二〇〇八年
豊見山和行編『琉球・沖縄史の世界』(日本の時代史一八)吉川弘文館、二〇〇三年
豊見山和行『琉球王国の外交と王権』吉川弘文館、二〇〇四年
豊岡康史「清朝と旧明領国際関係(一六四四〜一八四〇)」『中国史学』二三一二、二〇一二年
中島楽章「永楽年間の日明朝貢貿易」『史淵』一四〇、二〇〇三年
波平恒男『近代東アジア史のなかの琉球併合――中華世界秩序から植民地帝国日本へ』岩波書店、二〇一四年
西里喜行『清末中琉日関係史の研究』京都大学学術出版会、二〇〇五年
夫馬進『朝鮮燕行使と朝鮮通信使』名古屋大学出版会、二〇一五年
麓慎一『一九世紀後半における国際関係の変容と国境の形成――琉球・樺太・千島・「竹島」・小笠原』山川出版社、二〇二三年
ペリー、マシュー(金井圓訳)『ペリー日本遠征日記』雄松堂出版、一九八五年(※原著も参照した)
ペリー、マシュー(ホークス編纂、宮崎壽子監訳)『ペリー提督日本遠征記』上・下、角川ソフィア文庫、二〇一四年(※原著も参照した)
松田道之「琉球処分」下村冨士男編『外交編』(明治文化資料叢書四)、風間書房、一九六二年
村井章介『古琉球――海洋アジアの輝ける王国』角川選書、二〇一九年
山城智史『琉球をめぐる十九世紀国際関係史　ペリー来航・米琉コンパクト、琉球処分・分島改約交渉』インパクト出版会、二〇二四年
横山學『琉球国使節渡来の研究』吉川弘文館、一九八七年

横山伊徳「日本の開国と琉球」曽根勇二・木村直也編『国家と対外関係』（新しい近世史2）新創社、一九九六年
渡辺美季「鄭秉哲の唐旅・大和旅――皇帝と話をした琉球人」村井章介・三谷博編『琉球からみた世界史』山川出版社、二〇一一年
渡辺美季『近世琉球と中日関係』吉川弘文館、二〇一二年
渡辺美季「隠蔽政策の展開と琉清日関係」『琉大史学』二〇、二〇一八年
渡辺美季「近世日本と清・琉球」牧原成征編『近世』（日本史の現在四）山川出版社、二〇二四年
渡辺美李「近世アジア海域秩序の再編と日中関係」田中史生編『日中関係史』吉川弘文館、二〇二五年
Message of the President of the United States, transmitting A report of the Secretary of the Navy, in compliance with a resolution of the Senate of December 6, 1854, calling for correspondence, &c., relative to the naval expedition to Japan (Senate. 33d Congress, 2d Session. Ex. Doc. No. 34) 1855

第三章

朝鮮半島における近代国家形成

——激動する国際関係の中での独立の模索

森　万佑子

昨今、日本では韓国文化に対する関心が高まり、とくに若い世代ではK－POPの影響もあり、韓国に好感をもっています。しかし、そんな韓国について勉強しようと思っても、高等学校の「歴史総合」や「日本史探究」、「世界史探究」の科目では断片的な扱いが多く、学校の授業で深く学ぶということはむずかしいように思います。

そのため、韓国に興味はあっても、韓国の近代がどのような歴史だったのか、その後、日本によるどのような朝鮮植民地統治を経て、戦後にはなぜ朝鮮半島が分断されて、いまは二つの国家として存在しているのかについて、よく知らない人が少なくありません。しかし、現在でも日韓関係がぎくしゃくする原因の一つには韓国併合過程や植民地支配の問題があったり、K－POPアイドルが徴兵されることの背景には南北分断・朝鮮戦争の現状があったりと、「いまを知る」上でも歴史の理解は不可欠です。つまり、朝鮮半島の歴史を知ることは、現代の韓国・朝鮮を知り、

第3章のPoint

①清国や日本、ロシアなどとの関係の中で、朝鮮半島がたどった近代国家形成の過程を資料とともに概観し、あわせて当時の朝鮮人の感覚や思いについても考えていく。
②朝鮮半島の近代化のあゆみの中で、そのときどきに政治の主導権を握った者によって、めざした国家像は異なっていた。さまざまな立場から、さまざまな見方をして、さまざまな意見が生まれ、政治外交が動いていくあり様を、朝鮮半島というフィールドを通して感じとる。
③日本の植民地支配からの解放後も、「独立」の方法やイデオロギー、めざす「独立国家」の国家像の国内対立と、国際政治の動きが連動し、現在にいたる朝鮮半島分断の悲劇が生じたことを知る。

考える上でも大事な土台となるのです。そして、それは日本を知り考えることにもつながります。

筆者は、韓国・朝鮮の地域研究を専門としています。地域研究というのは、現地の言葉を学んで駆使して生活しながら、その社会の中からその社会や国、あるいは地域をみる研究手法です。そのため本章では、朝鮮半島における近代国家形成がどのようになされてきたのかについて、当時の資料を紹介しながら歴史学的に説明していきますが、同時に、当時の朝鮮人の感覚や思いがどういうものであったのかということについても、可能な限り思いを馳せながら、考えていきたいと思います。

本章の各節でみるように、「朝鮮は」「朝鮮政府は」などと「朝鮮（政府）」を主語にしても、それがさす対象が国王高宗《こうそう》《コジョン》（在位一八六三〜一九〇七）なのか、高宗・閔氏《びんし》《ミン》（王妃閔妃の一族）政権なのか、守旧派官僚なのか、抜本的な近代化をめざす急進派官僚なのか、近代化はめざすものの中国との関係を維持しようとする穏健派官僚なのか、ロシアとの関係を強固にしたいと考える親露派官僚なのかなどで、めざした国家像が異なります。さまざまな立場から、さまざまな見方をして、さまざまな意見が生まれ、政治外交が動いていくあり様を、朝鮮半島というフィールドを通して、感じとってもらいたいと思います。

1　近代世界への参入

日本の明治維新の頃、朝鮮はどのような国だったか

近代史は現代に続く時代区分です。そのようにみると、朝鮮の近代は朝鮮王朝最後の国王である高宗の時代に遡ります。高宗は一八五二年生まれで、明治天皇と同い歳、その後およそ一〇歳で即位しており、在位直後の一〇年間は実父である興宣大院君《フンソンデヴォングン》が政治をおこないました。では、この大院君がめざした国家とはどのようなものだったのでしょうか。

大院君は衛正斥邪《えいせいせきじゃ》を統治の基本理念としました。衛正斥邪とは、正学《せいがく》である儒学を守り、邪教(西学《せいがく》や西洋文物など)を排斥せよという教えです。中国を中心とした中華世界の理念では、徳をもつ中華とそれに対となる外夷《がいい》が存在します。西洋諸国は、中華文明を知らない野蛮な外夷とみなして、交易や外交をする考えはもっていませんでした。大院君のこうした考えは、当時の支配層や儒者から当然の論理として支持をえていました。そのため、大院君政権期にアメリカやフランスから開国通商要求がありますが、大院君政権はこれを拒否しています(一八六六年丙寅洋擾《へいいんようじょう》)。

一八六九年になると、日本から明治維新を伝える手紙(書契)が届きます。当時の日朝関係は、東萊《トンネ》府《プ》(現在の釜山《プサン》)と対馬藩を窓口としていました。対馬藩の使節がこの書契を届けると、東萊府の役人

日朝関係の推移

時期	出来事
1875	江華島事件
1876	日朝修好条規
1882	壬午軍乱
1884	天津条約(清国・日本)。甲申政変。第一次朝露密約事件
1885	第二次朝露密約事件
1889	防穀令事件
1894	金玉均暗殺事件。甲午農民戦争(東学の乱)。 清国・日本、出兵。日清戦争始まる。甲午改革
1895	下関条約。閔妃殺害事件
1897	高宗が皇帝に即位、大韓帝国成立。
1898	大韓国国制制定
1904	日韓議定書。第一次日韓協約
1905	第二次日韓協約(韓国保護条約)。統監府設置
1907	ハーグ密使事件、韓国皇帝高宗の譲位。第三次日韓協約。
1909	伊藤博文、ハルビンで暗殺される。一進会「日韓合邦請願書」を提出
1910	韓国併合条約(韓国併合)。大韓帝国を朝鮮に改称。統監府を朝鮮総督府とする
1919	高宗死去。三・一独立運動

大院君(興宣大院君・李昰応、1820〜98)

高宗の生父。本名は李《イ》昰《ハ》応《ウン》。生前に大院君の尊称を受けて、王権を代行し、政権を掌握した。大院君とは、朝鮮時代に、王が後嗣なく亡くなり王族の中から王位を継承する場合、新しい王の生父に与えられた呼称。大院君というと李昰応をさすことが多い。李昰応は、対内的には王権の強化を図り、対外的にはフランスやアメリカ、日本からの条約締結要求を退け、既存の国際関係の維持に努めた。

は、朝鮮と日本は対等な関係にあるのに、書契に中国皇帝にしか使われることのない「皇」「勅」の文字が日本を表す言葉として使われていることを問題視し、受領を拒否し、書契を書き直してふたたびもってくることを要求します。こうした対応は大院君政権の外交方針にそった対応でした。

さらに、条約締結をくわだてたアメリカ軍艦の侵入に対しては(一八七一年辛未洋擾《しんみ》)、たんに拒否しただけではなく、「洋夷侵犯するに戦うに非ざれば則ち和なり。和を主とするは売国なり」と刻んだ斥和碑《せきわひ》を全国各地にたてます。つまり、中華文明を知らない野蛮な西洋諸国による侵犯に、争わないことはすなわち国を売ることだ、といって、「これを子孫万代の戒《いまし》めとすること」と全国に広め誡《いまし》めました。

つまり大院君政権期の外交政策は、従来の中華秩序の護持を志向し、欧米諸国の国家体制を参照したり、欧米諸国と通商したりする考えをもっていなかったといえます。

では高宗はどのような国家形成をめざしていたのでしょう。

高宗が成人し、親政をするようになると大院君とはやや違う政治をめざします。

まず取り組んだのは日朝関係の改善でした。中華世界の理念でみれば、日朝関係は、中国との上下関係ではない対等な「交隣《こうりん》」(一四三頁参照)と呼ばれる関係でした。高宗は、大院君政権期にこじれた交隣を修好するため、日本が「皇」「勅」を用いるのは自称に過ぎないという論理で、書契の受けとりを検討します。

しかし、日本がふたたび書き直した書契をもってきてそれを労《ねぎら》う朝鮮での宴席において、日本側はいまだ修正が十分ではない書契をもってきただけでなく、西洋式の大礼服を着用して出席したいと主張しました。朝鮮政府としては、いまだ受け入れがたい字句がある書契を受領するだけでも大きな譲歩であるにもかかわらず、洋服の着用まで受け入れるというのはとても許容できないことで、結局、書契受理にはいたりませんでした。しびれを切らした日本は、軍艦を派遣して朝鮮沿海を測量名目で航海し、そのうちの雲揚号は一八七五年、江華島に接近した際に朝鮮側から砲撃を受けたことで武力衝突をひき起こし（江華島事件）、日朝修好条規を締結するにいたります。

高宗・閔氏政権（1873〜1907）

高宗は成人を迎える頃、大院君の独裁に不満をもった王妃・閔妃（明成王后）の兄・閔升鎬らの勢力と結んで大院君を退陣に追い込んだ。背景には、王世子冊封をめぐる閔妃の大院君への怨念もあった。大院君は、高宗と閔妃との間の子・坧《チョク》ではなく、側室が生んだ第一子・完和君《ワンファグン》に中国皇帝から王世子としての冊封を受けさせようとしたため、閔妃は自身の地位を守るためにも坧への冊封のためにあらゆる努力をした。さらに、大院君政権の排外的な外交政策を改めようと思っていた高宗・閔氏政権は、坧の冊封を奏請する使節を中国に派遣した際に、中国から外交について指南を受ける素地もつくった。しかし、外交や内政について中国が過度に干渉するようになると、閔妃は欧米の外交官の婦人たちとの間で配偶者外交を展開し、とくにロシアとの関係強化を図った。朝露関係の強化は、日清戦争後に日本の影響力が強化する中でも継続した。そうした過程で、日本外交は高宗・閔氏政権と良好な関係を築けず、閔妃の配偶者外交も取り込むことはできなかった。1895年、閔妃さえいなくなれば日朝関係は良くなると考えた三浦梧楼公使らが、閔妃を暗殺した。

日朝修好条規は不平等条約か

一八七六年に結ばれた日朝修好条規（**資料1**）は、第一款に「朝鮮国は自主の邦《くに》であり、日本国と平等の権を保有する。今後両国和親の実を表すため、互いに同等の礼儀で相待し、少しも侵越猜嫌《さいけん》しない。まず、交情阻塞《そさい》の患《かん》となった諸規定を廃止し、寛裕弘通の法を開くよう務め、双方とも安寧を永遠に期す」とあり、「朝鮮国は自主の邦」と、「独立」ではない「自主」という用語がキーワードになります。当初、日本政府は条約交渉において、先の書契問題のしこりもあり、朝鮮政府に対して朝鮮は中国の属国か否かを問い質《ただ》そうと考えていました。朝鮮が「中国の属国である」と回答すれば、日本は朝鮮を国際法上の独立国ではないために条約締結の主体とみなさない立場をとり、朝鮮が「中国の属国ではない」と回答すれば、中国が朝鮮を非難してこの問題に介入する可能性がありました。つまり、「朝鮮は中国の属国か否か」という問いは、中華秩序をゆるがすことにつながる質問でした。

しかし、日本政府は最終的に、朝鮮と中国の関係に深入りすることは避け、「自主」という曖昧な用語ですませました。第一款にある「自主の邦」について、日本政府は近代国際法に即した「独立自主」と解釈し、一方、朝鮮政府は従来通り中華秩序に即した解釈、すなわち「中国の属国でありながら、内政や外交は自主である」という意味の「属国自主」と解釈することが可能でした。

なお、日朝修好条規（一八七六年二月二十七日調印）は、同年八月二十四日に調印された「日朝修好条規付録」と「日本国人民貿易規則」、および「修好条規付録に付属する往復文書」の交換によって成

資料1　日朝修好条規(1876年)

第1款　朝鮮国は自主の邦であり、日本国と平等の権を保有する。今後両国和親の実を表すため、互いに同等の礼儀で相待し、少しも侵越猜嫌しない。まず、交情阻塞の患となった諸規定を廃止し、寛裕弘通の法を開くよう務め、双方とも安寧を永遠に期す。

第2款　日本国政府は、今より十五カ月の後に、随時使臣を派出し、朝鮮国京城に到り、礼曹判書に親接し、交際の事務を商議することができる。〔中略〕朝鮮国政府は何時でも使臣を派出し、日本国東京に至り、外務卿に親接し、交際事務を商議することができる。〔下略〕

第4款　朝鮮国の釜山には日本公館がすでに設けられ、長く両国人民の通商の地となっている。〔中略〕また、朝鮮国政府は、第5款に示す〔釜山の他に通商に便利な〕2港を定めて開港し、日本人の往来や通商を認めるものとする〔下略〕〔のちに元山、仁川と決定〕。

第10款　日本国人民が朝鮮国指定の各港在留中にもし罪科を犯し、朝鮮国人民に交渉する事件は、総て日本国官員の審断に帰す。もし朝鮮国人民が罪科を犯し、日本国人民に交渉する事件は均しく朝鮮国官員の査弁に帰す。もっとも双方ともその国の法律によって裁判し、少しも庇護・庇うことなく務めて公平な裁判を行う。

〔出典〕「朝鮮国との修好条規」『日本外交文書』9。森万佑子訳。

り立ちます。日朝修好条規については歴史教科書で「不平等条約」と習いますが、最新の研究では必ずしも不平等性は強調されていません。不平等条約とは、片務《へんむ》的最恵国待遇・協定関税・領事裁判権の三点をもつ南京条約（**資料2**）を典型としますが、日朝修好条規には、片務的最恵国待遇と協定関税はそなえていませんし、領事裁判権についても留保されています。加えて、近年の中華世界についての研究成果を踏まえて、当時の朝鮮の思考を考慮すれば、中国皇帝を最上位にすえた上下関係の儀礼で秩序が保たれた国家間の関係が、不平等な状態におかれることを異常とみなし、平等な状態に正さねばならないという意識を、日朝修好条規締結の時点で共有されていたとは、考えにくいのです。

たとえば、先にあげた日朝修好条規第一款についても、朝鮮側は修正要求なしに全面同意していますが、それは、朝鮮と日本が「平等」であることが明記されたからです。一八六九年に日本が格外の書契をもたらして以来、朝鮮は日本に対して「敵礼《てきれい》＝対等」関係を求めており、それが認められたものと解釈しました。

同様に、日朝修好条規第二款（**資料1**）には、「日本国政府は、今より十五カ月の後に、随時使臣を派出し、朝鮮国京城に到り、礼曹判書《れいそうはんしょ》に親接し、交際の事務を商議することができる」とあり、他方朝鮮に関しては「朝鮮国政府は何時でも使臣を派出し、日本国東京に至り、外務卿に親接し、交際事務を商議することができる」と記されています。つまり、日本がソウルに派遣する使節に対しては、「礼曹判書」すなわち、中国との朝貢儀礼や科挙などをあつかう「礼曹」の最上位の役職である「判

資料２　南京条約(1842年)

第２条　清朝皇帝陛下はイギリス臣民がその家族や使用人とともに、広州・厦門・福州・寧波・上海の市町において商業に従事するため、妨害や拘束されることなく居住できることを約す。

第３条　イギリス臣民が必要な場合にその船舶を修理し、そのために必要な備品を貯蔵する港を有することは、明らかに必要かつ望ましいことである。清朝皇帝陛下はイギリス女王陛下に香港島を割譲し、イギリス女王陛下とその継承者は永遠にこれを占有し、イギリス女王陛下がその支配にふさわしいと認める法律や規則でもってこれを統治する。

第５条　〔前略〕清朝政府は広州で取引するイギリス商人に対して、清朝政府が認可した行商〔ないし公行〕とよばれる中国商人のみと取引することを強制してきたが、清朝皇帝陛下はかかる慣行を廃止し、以後、イギリス商人が居住するすべての港において、彼らが任意に誰とも通商取引を行うことを許すと約す。

〔出典〕『詳説世界史図録』山川出版社、2023年。村上衛訳。

交隣

隣国との通交の意味。『孟子』を典故としつつも、中国や日本ではほとんど使用されていない。朝鮮半島・朝鮮王朝独自の漢語概念であり、朝鮮王朝の対外関係をさす述語であるため、中華世界を前提にした、朝鮮の近世・近代の世界観・秩序体系を体現するもの。

敵礼

同列で上下の区別が対等な者のこと。すなわち、地位などが対等なことにより、対等な儀礼をおこなうことを示す。ただし、「交隣」においては、朝鮮国王と「敵礼」＝対等なはずの「日本国王」は現実の日本列島にはほぼ存在せず、朝鮮と関係を結んだ実体は対馬であった。そのため「交隣」は必ずしも「敵礼」を意味しない。

〔出典〕岡本隆司編『交隣と東アジア —— 近世から近代へ』名古屋大学出版会、2021年。

書」がカウンターパートとなることが記されています。実は、日本側が作成した草案では、日本側のソウルでのカウンターパートになる役職を「秉権大臣《へいけん》」としたのですが、朝鮮側がこれを拒否して、既存の中華世界に基づく関係を処理する礼曹が管轄する条文になりました。

この他にも、日朝修好条規第十款（**資料1**）の内容からは、日朝双方が裁判権をともに認めあっていることがわかります。背景には倭館《わかん》時代から日本人が罪をおかした場合、東莱府は対馬藩主に処罰を要請し直接逮捕・処罰はしなかったことがあり、朝鮮側はその延長上で解釈しました。それは、互いに異なる文化をもつ人の紛争を解決する手段としての機能的側面に注目すれば、こうした処罰の方法が適切だという認識がありました。また、条款にも記載されているように、公平さを欠く自国有利の裁判をすれば外交問題に発展する可能性があり、むしろ自国民を厳しくとりしまるのが一般的でした。

このように日朝修好条規を分析する上では、たんに日本が朝鮮に不平等条約を押しつけたという側面だけではなく、中国皇帝を最上位にすえる中華秩序という不対等な上下関係にいながら、日本とは対等な関係を長年構築してきたと考えている朝鮮が、日本との「不平等」を批判的にとらえるという認識をどれだけ共有していたのかに留意する必要があります。くりかえしますが、朝鮮政府が日朝修好条規を契機に修好した日朝関係は、あくまでも東莱府と対馬藩を中心に構築してきた「敵礼」や「交隣」といった従来の価値観に基づくものでした。そのため、朝鮮からみた日朝修好条規についての分析は、近世以来の連続性の延長上に、条約関係という新たな近代的要素をどれだけ認識し、とりいれ、あるいは批判しようとしたのかといった問題意識が必要になります。

甲申政変はなぜ失敗したのか

高宗は日朝関係の改善を試みたものの、それは朝鮮の開国や条約体制への参入ではなく、従来の日朝間の交隣の修好ととらえていました。そのため、日朝修好条規のような条約を、アメリカやイギリスなどの他国と結ぶ意思はありませんでした。

日朝修好条規締結後、朝鮮政府は明治日本の動静把握や関税・米穀輸出等の改定交渉のため修信使・金弘集《キムホンジプ》を派遣しました。金弘集は駐日清国公使館を訪れ、公使館員の黄遵憲《こうじゅんけん》が書いた外交小冊子『朝鮮策略』を受けとりました。これがのちの朝鮮政府の外交政策に大きな影響を与えるとされています。

では『朝鮮策略』にはどのような内容が書いてあったのでしょう（**資料3**）。

『朝鮮策略』にある「中国に親しみ」というのは朝鮮がこれまでよくやってきたことです。「日本と結ぶ」ということもやりました。しかし、「アメリカと手を携えて」については、朝鮮にとって夷狄《いてき》とまじわることを意味するので、到底受け入れられないことでした。しかし、朝鮮の上国である清朝の外交官が書いた外交の指南書なので受け入れるほかありません。朝鮮では大院君支持者などを中心に、『朝鮮策略』に書かれた西学受容の勧誘や対外政策を批判しましたが、高宗・閔氏政権は『朝鮮策略』が中国からの指南書であることを背景に大院君派を抑え、中国の李鴻《りこう》章《しょう》の主導の下、ついにアメリカと修好通商条約を結びます。

朝米修好通商条約を結ぶにあたり、中国側は条文に朝鮮が「属国自主」であることを明記しようとアメリカ側と交渉しました。しかし、アメリカ側が受け入れなかったため、中国は朝鮮国王にアメリカ大統領に宛てて「朝鮮は中国の属邦であるが、内治外交は朝鮮国王の自主による」と書いた外交文書(照会)を送らせることにしました。この照会はイギリスやドイツ、フランスなどと朝鮮が条約を結ぶ際にも同様に送り、その後の朝鮮をめぐる国際関係を規定していく要素の一つとなっていきます。日朝修好条規締結に際して日本が避けた「朝鮮は中国の属国か否か」という朝鮮の国家的地位の問題に、今度は中国が、朝鮮とアメリカが条約を結ぶ際に直面して明文化したことになります。

あわせて、一八八二年の七月には、壬午《じんご》軍乱も起こります。これは、高宗・閔氏政権が始めた日本人軍事教官の指導による新式軍隊(別技軍《べつぎぐん》)新設によって、待遇が悪化した旧式軍隊が、政権奪回をねらっていた大院君支持勢力とともに暴動を起こしたものです。壬午軍乱では日本公使館が襲撃された

資料３　『朝鮮策略』

朝鮮今日の急務をはかるに、ロシアの防衛ほど切迫したものはない。では、ロシアの防衛はどうするのか。中国に親しみ、日本と結び、アメリカと手を携えて、自強をすすめるほかあるまい。

〔出典〕岡本隆司訳『朝鮮策略』村田雄二郎責任編集『万国公法の時代 ── 洋務・変法運動』(新編原典中国近代思想史 2)岩波書店、2010 年。

ため、日朝間の外交問題に発展し、善後処理の過程で「不平等」の要素が強い「日朝修好条規続約」を結びます。他方、駐日清国公使館からの電報で壬午軍乱の報を受けた清朝は、朝鮮で日本より影響力で引けをとらないよう、ただちに軍艦を派遣します。そして、すでに高宗から政権を掌握し、第二次執政についていた大院君を拘束し、中国に連行していきました。それだけでなく、税関業務を担う外国人顧問(メレンドルフ)と外交事務を担う最高責任者の補佐として中国人顧問(馬建常《ばけんじょう》)を派遣しました。中華世界の論理では、朝鮮の「内治外交は朝鮮国王の自主」であったはずが、宗主国として清朝が朝鮮の内政にも外交にも関わるようになったのです。

さらに、一八八二年には中国と朝鮮の宗主国と属国の関係を色濃く反映した「中国朝鮮商民水陸貿易章程《しょうてい》」も結ばれます。これは中朝間の私貿易を認め、その管理について定めたものです。「章程」とは中国皇帝の裁可のみによって成立するもので、対等な国家間で結ぶ「条約」との違いを強調したのです。このとき、中国の北洋大臣李鴻章と朝鮮国王が対等であることなどが記されました。しかし、朝鮮政府は中華秩序に基づく中朝関係を欧米列強が理解せず、章程の取決めによって欧米も朝鮮との条約に均霑《きんてん》しようとする(等しく利益をえようとする)ことを危惧しました。その結果、中国側は、「朝鮮は久しく中国の属邦に列す、定むる所の水陸貿易章程は、中国の属邦を優待するの意にかかる、各与国の一体に均霑するの例に在らず」という前文を記し、朝鮮での中国の特権を他国が同様にもつことはできないと明記しました。この前文は結果として、朝鮮が中国の属国であることを、対外的に表明する役割をもちました。ただ、この同じ前文に対しても、朝鮮は「内政外交は自主」であることに重点をおき、清朝は「朝鮮は中国の属邦」であることに重点をおきました。朝鮮は「自主」を、清朝は「属邦」を重視し、重視する点が異なったのです。

一八八二年に生じた一連の出来事によって朝鮮における清朝の影響力が強くなると、当然、朝鮮国内でも反発が起きます。とくに、近代文明や条約体制を受け入れなければならないという開化派が形成されていきます。ただ、その受け入れる程度によって、上国である中国との関係はそのままに、中国にならって漸進的に近代化をしていこうとするグループと、中国との関係を断ち切って「独立国」として抜本的に近代化していこうとするグループに分かれていきます。とくに、金玉均《キモッキュン》や朴泳孝《パギョンヒョ》、徐《ソ》洪範《ガムボ》、徐載弼《ソジェピル》など一部の若い官吏は、日本で慶應義塾をつくった福沢諭吉や外務卿の井上馨などから日本の近代化の状況を学びながら、明治維新を手本とした改革を朝鮮でおこなおうとクーデタを計画します。これが一八八四年の甲申《こうしん》政変です。

甲申政変の政綱の冒頭には「大院君を早急に連れ戻すこと（朝貢虚礼は協議のうえ廃止する）」とあり、中国との関係を断ち切り近代国家を形成していくねらいがみられます。他にも、門閥の廃止による人民平等の確立や、地租の法の改革、財政の一元化、冗官《じょうかん》（必要のない官職）の廃止など、腐敗していた朝鮮の内政を改革しようとする政綱がありました。

しかし、袁世凱《えんせいがい》率いる清軍が介入し、甲申政変は失敗します。何より、高宗・閔氏政権が甲申政変

甲申政変の主役たち　左から朴泳孝、徐洪範、徐載弼、金玉均。日本亡命後に撮影した写真。

〔出典〕『高等学校韓国史』MiraeN 出版。

甲申政変（1884年）のねらい

・大院君を早急に連れ戻し、中国との関係を断ち切って「独立国」として抜本的な近代化をめざす
・門閥を廃止して人民平等を確立
・地租の法改正、財政の一元化
・冗官の廃止など、腐敗した朝鮮の内政改革をめざす

を支持していなかったことが大きいでしょう。甲申政変は、少数の開化派官僚が政治的に劣勢にある中で、国王の身に危険を及ぼすクーデタを起こしたこと、日本という外勢に依存し過ぎたこと、民心を獲得していなかったことなどが失敗の理由です。甲申政変を起こした者たちは「逆賊」となり、当時の法律に従って家族なども殺害されました。

「中国の属邦で内治外交は自主」とは、どんな状態だったのか

甲申政変が清軍によって鎮圧され、朝鮮の内政への中国の干渉がさらに大きくなると、高宗・閔氏政権は清朝と距離をおこうとロシアに接近しました。一八八四年末に高宗は密使四人をウラジオストクに派遣して、ロシアの保護や陸路通商など六つの密約をロシア側に提案します。一方、同時期に訪韓した駐日ロシア公使書記官・シペイエルは、高宗が要請するロシアの朝鮮保護の具体的な内容とその交換条件をさぐりながら、外国人顧問のメレンドルフと会談してロシアによる朝鮮の保護国化あるいは朝鮮中立化についての提案を受けます。しかし、ロシア側がいざ交渉しようとすると外交を司る統理交渉通商事務衙門《がもん》の最高職位である督辦《とくべん》の金允植《キムユンシク》が交渉に応じず、この件を中国側にもらしてしまいます。高宗は、中国側に知られてしまったことで、自身が廃位させられることをおそれ、この問題への関与を否認しました(第一次朝露密約事件)。

朝露密約事件に驚いた中国側は、高宗・閔氏政権を牽制する目的で大院君を帰国させ(一八八五年九

月）、十一月には袁世凱を「総理朝鮮通商交渉事宜《じぎ》」の肩書、つまり朝鮮の通商・外交を全体にわたって統括するという役職でソウルに常駐させます。一八八二年以来、中国が設定した「中国の属邦であるが内治外交は自主」という朝鮮の国家的地位は形骸化するかのように変化していましたが、袁世凱の常駐によって、中国側が望む「朝鮮は中国の属邦」であることをより強化する変化をむかえます。

こうした状況に対し、高宗・閔氏政権はふたたびロシアに接近します（第二次朝露密約事件）。一八八五年十月にロシアからヴェーベル公使が着任すると、一八八六年八月に高宗は閔妃の従兄弟である閔泳翊《ミニョンイク》と三人の密使を公使のもとに送り、密書をわたして「われらが国は異国の影響に屈し、一方に偏《かたよ》ってしまった。（中略）朕が王として、存在する君主とならび、ひとしい権利と地位をもつように。もしも別の国と不和が生じたら、貴国が朕の安全を一時的に保証するために軍艦を派遣してくれることを期待する」（和田春樹『日露戦争――起源と開戦』上、岩波書店、二〇〇九年、七一頁）とロシアに保護を求めます。しかし、これも朝鮮政府内でロシアへの接近に反発が起こり、袁世凱に通報され、袁世凱は上司の李鴻章にも報告します。中国側の怒りをおそれた高宗は三人の密使を流配して、この事件を処理しましたが、ヴェーベルはこの処分に抗議しました。

甲申政変や二度にわたる朝露密約事件など、朝鮮国内で「中国の属邦」であることに従順しない動きがあるため、一八八六年に袁世凱は「朝鮮大局論」を朝鮮政府の議政府《ぎせいふ》（最高行政機関）に送り、朝鮮は隣国の日本やロシアではなく、清朝に頼るしかないと釘を刺したほどでした。

しかし、こうした袁世凱からの圧力がかかればかかるほど、高宗は「朝鮮の内治外交は自主」であることを強化する動きにでます。そうした「反清政策」の例の一つが、欧米諸国に全権大臣を派遣して各国に朝鮮が独立国であることを認めてもらおうとすることでした。一八八七年八月、高宗は内務府の朴定陽《パクチョンヤン》を駐米全権大臣に、沈相学《シムサンハク》(病を理由に固辞、趙臣熙《チョシンヒ》に交代)を駐英・独・露・伊・仏全権大臣に任命します。内務府は、高宗が袁世凱による内政外交政策への干渉を避けるために、袁世凱も容易に入ることができない宮殿(景福宮《キョンボックン》)内に新設した官庁です。ただ、欧米諸国への使節派遣を知った袁世凱は、李鴻章とともに欧米諸国への全権大臣派遣に強く反対し、三つの約束を課しました。

①任地ではまず中国公使館に赴き、中国公使の案内のもとで赴任国の外部に行くこと
②公式の宴会などでは中国公使の後に随《したが》うこと
③重大な交渉や緊急事態があれば、まず中国公使に相談して指示を仰ぐこと

しかし、ワシントンに到着した朴定陽はこの約束①を守らないまま、大統領に国書を奉呈しました。ワシントンに駐在する中国公使を通してこれを知った袁世凱は怒り、朝鮮政府を厳しく叱責し朴定陽の処分を求めましたが、高宗は朴定陽を擁護しました。

左頁の写真のように、ワシントンの朝鮮公使館の入り口直ぐには大きな太極旗が掲げられ、そこには、高宗のいる景福宮の正門である光化門《カンファムン》の写真が飾られていました。長く朝鮮は中国の「属国」で

あり、「人臣無外交」（臣下たる者〈諸侯国〉は、天子の許可なく外交をおこなわない）の立場をとっていた歴史に照らせば、ワシントンに独立国の一国として全権大臣を派遣して外交にのぞもうとすることは大きな変化です。朝鮮の使臣がアメリカでは中国の属邦であることよりも、アメリカと対等な関係をもつ独立国としての体面を守ることを大事にしていたことがうかがえる写真です。

一方で、朝鮮が「中国の属国であるが、内政外交は自主」であることは、玉虫色の原則であり、「属国自主」か「自主独立」のどちらかに割り切ることができないあり様もみられました。

一つ目の事例としては、第二十四代国王・憲宗《ホンジョン》の母后で、高宗の後見人であった大王大妃趙《チョ》氏（神貞王后《シンジョンワンフ》）が一八九〇年に亡くなったときの儀礼があげられます。属邦の国王や王妃、王大妃や大王大妃が死去した際は、属邦は中国に使者（告訃《こくふ》使《し》）を派遣してその事実を伝えるとともに、「弔勅使《ちょうちょくし》」の派遣

駐米朝鮮公使館入口に掲げられた太極旗（右） 太極旗の上に、国王がいる景福宮の正門・光化門の写真（左）が掲げられている（なお、太極旗は、1882年の朝米修好通商条約の調印式で初めて使用された）。

〔出典〕国外所在文化財財団、図録『韓米友好の要覧 —— 駐米大韓帝国公使館』2014年。

を請うのが慣例でした。弔勅使は死者をとむらう中国皇帝の諭旨をたずさえて特派されるため、国王は臣下の礼をつくして出むかえます。

当時、朝鮮は欧米諸国と条約を結んでいたため、欧米諸国の公使や領事、商人たちが朝鮮に駐在していました。そのため高宗は、条約上、朝鮮と対等な立場にある欧米諸国の人たちに、朝鮮が中国の属邦であることが一目瞭然となる属邦の儀礼を執りおこなうことをためらいました。そこで高宗は、財政難を理由に弔勅使を派遣しないように告訃使に要請させます。

しかし、中国皇帝は宗属関係にかかわる典礼の変更は受け入れず、かわりに朝鮮側の支出をおさえるため、従来の陸路ではなく航路で弔勅使を派遣し、朝鮮側が提供する贈り物も受けとらないことを命じました。その結果、弔勅使は通常の陸路による派遣よりも、外国人の目にふれることが多い仁川《インチョン》港を経由してソウルに入り、高宗は欧米諸国の人々がみている前で、弔勅使に対して臣下の礼をつくす儀礼を執りおこないました。ただ、欧米諸国の人々は、朝鮮国王の中国使節に対する儀礼に驚きつつも、中朝関係に対しては見て見ぬふりをしました。こうした欧米諸国の対応によっても東アジア秩序の安定は保たれていました。

二つ目の事例としては、一八八九年から九三年にかけて起こった防穀令をめぐる日・朝・清の外交問題があげられます。一八八九年、朝鮮半島の咸鏡道《ハムギョンド》の地方官が、凶作のために穀物の移出を一時的に禁じる命令を出したことに対し、日本政府は防穀令によって日本人商人が被害を受けたとし、日本人商人に対する賠償を求めました。当初は、日朝間の外交問題でしたが、日本公使が横柄な態度で交渉にのぞみ交渉がこじれると、朝鮮の「宗主国」として袁世凱が交渉を仲裁することになります。併行して、水面下では李鴻章と伊藤博文による賠償金額を決める交渉もおこなわれました。日朝交渉を袁世凱や李鴻章が仲裁したことは、朝鮮における中国の影響力の大きさを日本政府も認めた結果で、いわば「属国自主」を反映した形となりました。しかし、朝鮮側は対日関係では「独立自主」の側面をもつので、袁世凱の指示に必ずしも思い通りに動くわけではなく、袁世凱は宗主国の面子《めんつ》を保つために苦心したところもありました。

三つ目の例として、甲申政変を主導した金玉均の暗殺事件の処理をめぐる交渉(一八九四年)があります。金玉均は甲申政変失敗後、日本に亡命していましたが、一八九四年に李経方《りけいほう》の招きを受けて上海にわたりました。李経方は李鴻章の甥(のち養子)なので、金玉均は李鴻章に面会して日・朝・清の三国連携や朝鮮の近代化改革について相談しようとしていたと推測されています。しかし上海に到着した翌日、朝鮮人刺客・洪鐘宇《ホンジョンウ》によって暗殺されます。当時の上海は共同租界で、犯人・被害者ともに上海駐在領事がいない朝鮮人だったために、この事件は中国人と上海駐在のイギリス領事官をはじめとする各国の会審官《かいしんかん》が予審する會審衙門という場に引きわたされることになりました。会審衙門の予審ののち、上海の地方長官がそれを裁可し、判決を宣告する流れでした。しかし、金玉均暗殺事件は単純な外国人暗殺事件ではなく、中国の属邦である朝鮮の人民に対する朝鮮人民による殺人事件で、さらに被害者は甲申政変を起こした「逆賊」、加害者である犯人は朝鮮国王の命を受けて殺害したと自供する特殊な事件でした。そのため朝鮮政府は、この問題が各国領事らにより国際法に則って公《おおやけ》に処理されることをさけ、金玉均の死体と洪鐘宇の身柄をすみやかに朝鮮に引きわたしてもらうことを望みました。

そこで、朝鮮政府は袁世凱と李鴻章のルートを活用して、李鴻章が上海の地方長官に金玉均の死体と洪鐘宇の身柄を朝鮮側に引きわたすよう命じ、処理させました。その結果、朝鮮にもどった金玉均の死体には朝鮮の伝統に則って公開で凌辱する凌遅処死《りょうちしょし》がおこなわれた一方、洪鐘宇は処罰されるどころか、昇任されました。しかし、この事件でみられた、国際的なルールに則らない中国と朝鮮の連繫に、各国の領事たちは不満をいだき、日本亡命中に金玉均を支持してきた日本人の一部も反清感情を強め、日清開戦の誘因となりました。

2　朝鮮がめざした近代国家

甲午改革はどのような国家をめざしたのか

一八九四年に日清戦争が起こります。日清戦争は、朝鮮をめぐる日清の対立で、開戦過程では朝鮮の内政改革や、朝鮮は清朝の「属国」なのか「独立国」なのかを問うやりとりがあります。つまり、日本が日清戦争は従来の中国を中心とした中華秩序に、西洋近代化した日本が対峙する意味をもち、日本が清朝に勝利したことは、東アジア国際秩序に大きな変化をもたらしました。

他方、朝鮮から日清戦争をみるとどうなるでしょうか。

一八九四年春、金玉均暗殺事件とほぼ同時期に、朝鮮半島の南西部全羅道《チョルラド》の古阜《コブ》郡（現在の井邑《チョンウプ》市）で、地方官吏の悪政に反対した民乱が起きました。この民乱を指導したのが東学《とうがく》（儒教や仏教、民間宗教を融合したもので、西学である天主教に対抗する宗教）の地方幹部全琫準《チョンボンジュン》で、彼の指揮のもと、東学農民軍は勢いさかんに朝鮮政府が派遣した軍隊を破り全州《チョンジュ》府に入城、さらに北上しました。こうした農民軍の動きに驚いた政府は、袁世凱と協議し、清軍に援兵を求めることにしました。清軍に出兵依頼をした理由は、もちろん、中国の属国（朝鮮）を保護してほしいという名目からでした。

しかし、先の甲申政変で出兵した日本と清朝は、一八八五年に天津条約を結んでいました。その条約には「どちらか一国が朝鮮に出兵するときは、相手国に事前に出兵通告をする」との内容がありました。東学農民軍の鎮圧に対する清軍出兵について、駐韓日本公使館は袁世凱と朝鮮政府の協議を探知し、本国につぶさに報告していました。そのため、日本政府は清軍が出兵の通知をしたら、日本公使館と居留民の保護を名目に日本軍も朝鮮に出兵しようと考え、天津条約による出兵通告が届くよりも前に出兵を閣議決定していました。

そうして、日清両軍は朝鮮に軍隊を派遣したのですが、一方の東学農民軍は清軍出兵の情報に接し、政府と和解して全州から撤退していました。そのため朝鮮政府は日清両軍の撤兵を求め、とりわけ平時の日本軍の駐屯は国際法違反だとして、アメリカやイギリスなどの条約締結国に対して日本軍を撤兵させるように仲介を依頼したほどでした。けれども、日本政府は世論の高揚もあり、撤兵を受け入れず、日清共同による朝鮮内政改革を名目に駐屯を続けました。清朝が日清共同の朝鮮内政改革を拒否すると、日本政府は日本単独による内政改革案を朝鮮政府に提示しますが、朝鮮政府はあくまでも日本軍の撤兵が先であると従来の主張を変えませんでした。

すると、一八九四年七月二十三日、日本公使館員と日本軍は大院君をかつぎ出して、高宗のいる王宮・景福宮を占拠するクーデターを起こし、高宗・閔氏政権を倒しました。そして、金弘集、金允植、魚允中《オユンジュン》ら、これまで政権を支えていた穏健開化派である重鎮官僚を中心に、日本留学や日本滞在の経験をもつ壮年開化派の兪吉濬《ユギルチュン》、金嘉鎮《キムガジン》、安駉寿《アンギョンス》ら、アメリカ滞在の経験がある貞洞《チョンドン》派と呼ばれる朴定陽、李完用《イワニョン》ら、そして大院君派で王位をねらうとされた李埈鎔《イジュニョン》らさまざまなメンバーが、日本政府とともに内政改革に着手することになりました。これを甲午《こうご》改革といいます。金弘集内閣として発足した甲午改革は、日清戦争を背景に朝鮮進出をねらう日本の影響を多分に受けたものでした。しかし、穏健開化派にとっては、君権と親権が均衡を保って政治をおこなってきた朝鮮の伝統的な「君臣共治」がゆらいでいる現状を危惧し、内政を改革する必要性を感じて着手したという、朝鮮側の主体性もありました。

改革の中心機関として設置された軍国機務処《きむしょ》は、政府機構の改革をはじめ、財政官庁の一元化、税の金納化などの経済改革から、「訓練隊」の編成による軍事制度改革、科挙(官僚登用試験)や身分差別、早婚の禁止などの社会文化の伝統も改革の対象としました。他方、清朝の年号の使用を廃止して独自の年号(建陽《けんよう》)を立てたり、朝貢使節の派遣を廃止したり、「中国からの独立」を政策に掲げました。これらは高宗の意向ではなく、日本政府や明治維新にならった近代独立国家形成が必要だと考えた壮年開化派らを中心とした考えが反映されたものでした。

日本が清に対して戦況を優位に進めていた一八九四年秋には、大鳥圭介《おおとりけいすけ》公使にかわって井上馨が公使に着任するにあたり、甲申政変を主導した朴泳孝と徐洪範も帰国させ、新たな内閣を成立させました。井上公使は、甲午改革に高宗・閔妃を関与させず、開化派と日本政府が中心になって進めようとし、宮中の非政治化を強く推進しました。

また、一八九五年一月七日には井上公使と朴泳孝が考えた誓告文と洪範《こうはん》十四条を高宗に誓わせました。誓告文は、次のような内容でした。

朝鮮王朝が始まって五〇三年が経ちますが、朕の治世になって時運が大きく変化し、文明が開かれてきました。友邦の真心からの計画と、朝廷の意見が一致し、自主独立こそがわが国を強固にする道である、ということでございます。

〔出典〕『承政院日記《しょうせいいんにっき》』高宗三十一（一八九四）年十二月十二日

誓告文にある「友邦」とは日本のことで、日本が真心から朝鮮の「自主独立」を計画し、朝鮮を強固にしようとしているという内容です。日本政府や甲申政変が描いた朝鮮の近代化構想が反映されています。高宗は、朝鮮王朝の王と王妃の位牌が安置されている宗廟を詣で、霊前で誓告文を奉じました。

他方、洪範十四条は「清国に依《よ》りすがる考えを断ち切り、自主独立する基礎を確立すること」で始まり、朝鮮が清朝との宗属関係を断ち切り、独立国であることを内外に広く知らしめる内容で、甲午改革がめざす政治や財政などの制度改革目標の十四条が掲げられました。漢文だけでなくハングルも用いて作成されました。

一八七六年の日朝修好条規を結んだ段階では、「自主」にとどまっていた朝鮮の地位が、日清戦争の過程で「自主独立」となり、それが清からの独立であることが示唆されています。つまり甲午改革では、朝鮮の近代国家形成には「清からの独立」が前提だと考えられていたといえます。

高宗はどのような国家をめざしたのか

一八九五年四月、日清戦争で日本は勝利し下関条約が結ばれました。下関条約第一条では、「清国は朝鮮国の完全無欠なる独立自主の国たることを確認す。よって、右独立自主を損害すべき朝鮮国より清国に対する貢献典礼等は、将来まったくこれを廃止すべし」と定められ、朝鮮の地位は「完全無欠なる独立自主の国」となり、中国への朝貢をはじめとする宗属典礼を廃止することが取り決められました。つまり、日本と清朝が取り結んだ下関条約によって、中国と朝鮮の宗属関係が廃棄されたといえます。しかし、高宗は日清開戦直後から密書を送って清軍派遣による日本軍の駆逐を依頼しており、先ほどの誓告文や洪範十四条も開化派と日本側が主体となったもので、必ずしも高宗は「清からの独立」を希望していたわけではありません。

では、高宗はどのような国家形成を望んだのでしょうか。欧米列強が日本の朝鮮利権獲得に抗議を始めると、甲午改革の行き詰まりを感じた井上馨公使は六月に帰国し、三浦梧楼《ごろう》が公使に着任します。併行して、高宗の妃・閔妃は甲午改革に不満をもち、ロシア公使と手を組んで日本勢力を追い払おうと考えていました。先に述べた二度にわたる

高宗のおもな施策

- 清国からの朝鮮の自主を希望
  →明朝中華の制度を継ぐ朝鮮の伝統を重視
- 国家祭祀を陰暦でおこなう
- 「旧本新参」の政治改革
- 甲午改革の財政・地方改革を廃止
- 新たに戸籍を作成し、人口の把握を試みる
- 量田事業(土地調査事業)の着手

VS.

甲午改革のおもな施策

- 朝鮮の清からの独立
  →清の年号の使用廃止、独自の年号の制定
  →清への朝貢典礼の廃止
- 経済改革
  (財政官庁の一元化、税の金納化)
- 軍事制度改革
- 科挙・身分差別・早婚の禁止
- 陰暦から陽暦へ変更
- 断髪令

朝露密約は、清の干渉に反発するねらいで起きましたが、今度は日本の内政干渉に反発する過程で閔妃はロシアに接近したのです。しかし、こうした動きを把握した三浦公使は、「閔妃さえいなくなれば、朝鮮は日本のものになる」と考え、一八九五年十月八日未明に男子禁制の王宮に軍隊を引き連れて乗り込み、閔妃を殺害しただけでなく、死体を凌辱した挙句これを燃やし、証拠隠滅をはかりました。あまりに残忍な殺害方法は、朝鮮民衆の反感をかった(義兵運動)だけでなく、蛮行をみた外国人を通してアメリカやロシア公使、ドイツ領事からも非難されました。結局、日本政府は閔妃殺害事件の関係者を召喚し、裁判にかけましたが、証拠不十分として全員無罪になりました。

この時期、甲午改革は、陰暦から陽暦の変更(陰暦十一月十七日を陽暦一八九六年一月一日とする)を予定し、断髪令(朝鮮では、儒教の教えから親からもらった体に傷をつけることは親不孝とされ髪を切る習慣がなかったが、髪を切るよう命じた法令)を出すなど、伝統的な文化を改革する流れにありました。開化派や日本政府によって、中華文明に基づいた慣習が改革されることに反発した民衆は、閔妃暗殺に対する恨み(国母《こくも》復讐)もあいまって、大規模な反日義兵闘争をくりひろげました。

高宗は、断髪令などに対する社会の混乱に乗じて、開化派が自身をねらうことをおそれ、ロシア公使と秘密裏に協議し、ロシア公使館に避難します。これを露館播遷《ろかんはせん》(韓国語では、ロシアを「俄羅斯《オロス》」と表記するので「俄館《がかん》播遷」)といいます。露館播遷により、事実上、甲午改革は終焉し、甲午改革を推進した金弘集や魚允中らは民衆に殺害され、兪吉濬らは日本に亡命するなどしました。

ロシア公使館で執務をすることになった高宗は「あらゆる制度がむやみに新しくなったため、民心が安定しなかった」と甲午改革を批判し、「昔のやり方にならいながら、新しい規程を参照することで国の安寧が保たれる」と述べて、「旧本新参《きゅうほんしんざん》」の政治改革にのぞみました。たとえば、内閣を廃止して「議政府」を復設しましたが、従来の議政府とは異なり「大君主陛下が万機を統領する」と高宗の権限を強化した新しい議政府にしました。このほか、甲午改革の目玉だった財政の一元化や地方改革は廃止する一方、新たに戸籍を作成して全国の人口を把握しようとしました。とりわけ、国家祭祀を旧来通り陰暦でおこなうと命じたことは、開化派や日本政府にとっては陰暦から陽暦の切りかえが「清からの独立」を示す重要な指標だったことに反して、高宗にとっては必ずしもそうではなかったことがわかる事例です。

一八九七年二月にロシア公使館から王宮（慶運宮《キョンウングン》、現在の徳寿宮《トクスグン》）にもどった高宗は、皇帝即位に向けた準備を進めます。五月頃から、高宗に皇帝即位を願う上疏《じょうそ》（請願や意見を国王に差し出す文書）が増え、高宗はこれらすべてをしりぞけますが、六月には皇帝即位儀礼と皇帝国に見あった国家典礼を整備する臨時の役所（史礼所《しれいしょ》）を設置し、明朝の典礼に則って朝鮮で皇帝即位式をおこなうことなどを決めます。さらに、八月には甲午改革で新設した「建陽」年号を廃止して「光武」に改め、九月には圜《えん》丘壇《きゅうだん》（儒教経典の最高神を祀る祭壇で中華の皇帝のみが祭祀を司ることが許される）の新築も決まりました。この頃に出された上疏には次のような一文があります。

わが国家三千里の疆域《きょういき》は世界の一区域をなし、中華に接して、衣冠文物はすべて明の制度に遵《したが》い、その正統を継いでいるので、皇帝の位号も継いではいけないことはないでしょう。また、清とわが国は均しく東洋にあり、ドイツとオーストラリアがローマの系統を引き継いでいるのと同じです。

〔出典〕『承政院日記』高宗三十四(一八九七)年九月一日

この上疏から、高宗の皇帝即位は、皇帝を戴く西洋近代国家を模倣するというよりは、明朝中華の皇帝像を手本に、明朝中華の制度を継ぐ朝鮮の伝統を誇りにしていることがわかります。そして何より、ローマの系譜を継ぐドイツとオーストリアにたとえて、明朝の系譜を継ぐ清朝と朝鮮が対等であると述べているのです。つまり、高宗の皇帝即位とそれにともなう大韓帝国の成立は、朝鮮の近代国家形成の流れの中で生じましたが、それは西洋式の政治制度への追従ではなく、かつての「宗主国」である清朝と対等な関係を構築するという中華世界の変容が意識されていたのです。

そうして一八九七年十月三日、ついに高宗は皇帝即位の上疏を受け入れ、陰暦の九月十七日(陽暦十月十二日)が吉日だという理由で、皇帝即位式を挙行することを決めます。皇帝即位式は、明朝の皇帝即位式を参考にしながら朝鮮の伝統的な儀礼を折衷して、中華世界の理念に基づいておこなわれました。高宗は皇帝だけが身につけることができる黄色の袞龍袍《こんりゅうほう》(黄龍袍《こうりゅうほう》)を着用したことからもわかるように、高宗が皇帝即位当時にめざした皇帝像は、西洋近代的な皇帝像ではなく、中華の皇帝像だったことが確認できます。即位式の翌日には、高宗皇帝自ら、皇太子らを冊封しました。十月十四日には、国号を「朝鮮」から「大韓」に改め、ここに大韓帝国が成立しました。

大韓帝国はどのような国だったのか

大韓帝国が成立するより一年半ほど前、高宗がまだロシア公使館で執務をしていた頃、甲申政変を主導した残りの一人・徐載弼がアメリカから帰国して、一八九六年四月七日に『独立新聞』を発刊します。『独立新聞』は、各種制度の近代化、清からの独立、国民の形成などを啓蒙する内容で、英文版とハングル版から成り、ハングル版はすべてハングルで書かれたところに特徴がありました。ハングルの誕生は、十五世紀半ばに朝鮮第四代国王・世宗《セジョン》が「訓民正《くんみんせい》音《おん》」をつくったことに遡りますが、中華の文明を尊ぶ朝鮮では漢文が「真書」でハングルは「諺文《オンモン》」とさげすまれており、科挙に及第するためには漢文の習得が必須で、漢文を駆使する者が仰ぎ見られていました。そのため、男女や貴賤を問わず広く新聞を読んでもら

皇帝即位後の高宗　韓国国立博物館蔵

おうと、漢文ではなくハングルで新聞を発刊した意味は大きかったのです。

『独立新聞』が軌道にのると、一八九六年六月には「清からの独立」を可視化する新たな事業として、かつて中国からの使節を受け入れていたソウルにある「迎恩《げいおん》門」と「慕華《ぼか》館」を取り壊し、独立門と独立公園につくり変える事業を始めます。この事業の募金などのために七月二日、「独立協会」が発足します。独立協会の委員には、甲午改革に参画した開化派や政府官僚がつき、皇太子（のちの純宗）も補助金を献納するなど、王室から政府、知識人までが広く参加しました。同年十一月二十一日には、国内外の来賓、独立協会会員、政府各大臣、一般市民や各学校学徒など五～六〇〇〇人が集まり、独立門の定礎式が盛大におこなわれました。定礎式では、国旗を掲げ、学徒が愛国唱歌を斉唱し、体操をおこない、大君主陛下のための万歳もおこなわれました。歌を歌うことや体操や万歳をすることは、身体を動かすことであり、頭を使う理論や理屈からではなく、体を動かすことで「国民」の意識を涵養《かんよう》させていく独立協会

迎恩門

〔出典〕ソウル特別市『ソウル金石大観』ソウル特別市、1987年。

独立門　パリの凱旋門を意識して設計された（著者撮影）。

の国民形成の特徴が浮かび上がります。背景には、近代的要素の受容だけでなく知識人が知識のない民衆をおしえ導くべきだという儒教の観念(啓蒙的愚民観)もみられます。

しかし、高宗が王宮にもどり大韓帝国を成立させていく過程で、一八九六年十月頃からロシア軍による国王の護衛や、ロシア人の軍事教官団や顧問団のソウルへの派遣が進められ、ロシアの影響力が強くなります。さらに九八年三月には韓露銀行の開業も始まるという状況になると、独立協会はそれに先立つ二月二十一日、「国家が国家たらんとするには二つのことがあります。一つは自立することで、他国に頼らないこと。もう一つは、国内の行政や法を自修することとです」という内容の上疏を出して、高宗の親露政策をとがめます。独立協会がいう「他国に頼らないこと」の「他国」とは当然ロシアを意味します。「清からの独立」を訴えて発足した独立協会は、いまや「ロシアからの独立」を高宗に訴えるようになったのです。

さらに独立協会は、一八九八年三月頃から議会設立のための活動を始め、高宗の権限を抑制した立憲君主制をめざすようになります。同年十月にはソウルの鍾路《チョンノ》で、独立協会の会員をはじめ知識人や学徒、民衆や商人、そして一部の役人が集う「官民共同会」というはじめての大規模集会を開き、独立協会が主導して考案した「献議六条」を可決しました。内容は、皇帝の専制権を肯定しながらも、財政や任命権では皇帝権を抑制するものでした。高宗は一時、「献議六条」を認めました。しかし、その後に開かれた独立協会の会員が中心メンバーとなった議会で、閔妃殺害をくわだてたとされ亡命中だった朴泳孝が大臣候補者に名前があがると、高宗は激怒し、守旧派大臣たちの議会設立に対する強い反発もあいまって、独立協会を武力によって解散させました(一八九八年十二月)。

独立協会解散後、高宗は全九条から成る『大韓国国制』(一八九九年八月)を頒布しました。第一条で「大韓国は世界万国に公認された自主独立の帝国である」とし、第二条では「大韓国の政治は、これまでの五百年の伝来により、万世不変の専制政治である」と記すなど、大韓帝国が世界にならび立つ独立帝国であることと、皇帝の高宗が無限の権限を有することを明記しました。その他、統帥権はじめ高宗が有する各権限を規定する条文には「公法でいうところの」という文言が付され、大韓帝国が万国公法(国際法)にかなっている帝国であることが強調されました。

およそ二年前におこなわれた大韓帝国の成立時には、明朝中華の継承をうたい、中華世界における清朝と対等な皇帝国であることを強調していたのに、一八九九年の段階では欧米列強とならび立つ皇帝国であることを強調しているのです。背景には、東アジアにおける中国の地位の低下に加えて、この間に独立協会がおこなった「国民」創出の運動が指摘できるでしょう。中国皇帝を至上の存在とあがめ、朝鮮という国に対して関心をもたなかった中華世界の「人民」から、大韓帝国を愛し皇帝に万歳をするような近代西洋諸国に倣った「国民」が創出されつつある過程で、皇帝像も中国の皇帝像から西洋の皇帝像に変化したと考えられます。

一八九九年から一九〇二年頃までは、大韓帝国をめぐる日露交渉が進み、日露の角逐《かくちく》が先鋭化することなく国際関係が落ち着いていました。そんな中で、高宗は清朝と対等な条約である「韓清通商条約」（一八九九年十一月）を締結したり、光武改革と呼ばれる内政改革を進めたりしました。とくに、九九年六月から量田《りょうでん》事業（土地調査事業）を本格的に着手し、全国の土地価格や耕地面積も把握しようと試み、メートル法を用いた近代的な測量法も採用しました。ただ、戸籍把握が十分でなく、量田事業が実施できたのは一部地域に限られました。この他、朝鮮ではじめての西洋式の宮殿となる石造殿《ソクジョジョン》（現在、徳寿宮内の大韓帝国歴史館）の建築や西洋式の軍楽隊が導入され、それにともない、これまで歌詞や旋律が定まっていなかった「愛国歌」を制定したり、服制を西洋式に改めたりもしました。他方、光武改革の実施にかかる莫大な費用は国家財政を圧迫し、列国からの借款をあてにしておこなわれたりしました。

一九〇二年、高宗の即位四〇周年を祝う「御極《ぎょきょく》四十年称慶礼式《しょうけいれいしき》」の開催は、厳しい財政状況にもかかわらず、大韓帝国が各国と肩をならべる皇帝国であることを国内外にアピールする目的で盛大な式典として計画されました。しかし、同年七月頃から天然痘が流行した結果、「御極四十年称慶礼式」は結局おこなわれませんでした。現在、この式典をおこなうために建築されたと推定される惇徳殿《トンドクジョン》が、徳寿宮内の石造殿の後方に復元されています。

石造殿(上)、**惇徳殿**(下)　いずれもソウル市の徳寿宮内(筆者撮影)。

日露開戦下で、大韓帝国はどのような外交をしたのか

一九〇一年半ば以後、日本の伊藤博文らが主唱するロシアとの提携を積極的に進めようという日露協商策はむずかしくなり、〇二年一月には日英同盟を締結します。この間にあたる〇一年十一月、外部大臣・朴斉純《パクチェスン》は高宗の密命をもって訪日し、外務大臣・小村寿太郎と会見します。小村外相との会見で朴斉純が、①朴泳孝をはじめとした日本に亡命した者の処分、②国防に関する日韓協約の締結、③借款の三つの高宗の要望を伝えると、小村は次のような四項目を示しました。

一、日本国は韓国領土保全を努めること

一、日本国は韓国現帝室の安固を図ること

一、韓国はその領土の一部を他に割譲し、または日本国の賛同を経ず、その歳入等を抵当として借款を起こさないこと

一、韓国は他の援助を借りないこと

〔出典〕「朴斉純来朝の使命に関する件回報」『駐韓日本公使館記録』一六

この時、朴斉純は高宗の密命を受けた訪日であり長期滞在はできないと述べたので、具体的な交渉には入れませんでした。しかし、この国防に関する日韓協約は、のちの日韓議定書(一九〇四年二月二十三日)の原型となります。

他方、一九〇二年十一月には、高宗はオランダの周旋による赤十字社と万国平和会議への参加の意

志を伝えようと、特命全権公使・閔泳瓚《ミニョンチャン》をフランスとベルギーに派遣しました。さらに〇三年八月には、側近・玄尚健《ヒョンサンゴン》もフランスに派遣して、駐仏公使とともにオランダを訪問させ、万国平和会議の関係者と会見、日露開戦時の大韓帝国の局外中立について相談させています。同年十一月、玄尚健はロシアを訪問し、日露開戦時にはロシアを支援するという内容の高宗の密書を伝達し、これに対してニコライ二世は大韓帝国の独立と局外中立を支持すると回答しました。

しかし、高宗は一九〇四年一月二日の時点では、時局の切迫に際して日韓間の協約の締結も念頭においていたとみられます。そこで外部大臣署理《しょり》・李址鎔《イジヨン》と駐韓日本公使・林権助《はやしごんすけ》の間で密約締結交渉が進み、十九日には高宗から全権委任状も発給され、日韓密約は既定路線だと思われていました。二十日夜には小村外相からの最終案が届き、この時に日韓密約は「日韓議定書」と名づけられました。けれども、「日韓議定書」と名づけられた翌日の二十一日、大韓帝国はフランス語で各国に局外中立宣言をします。大韓帝国が発した局外中立宣言は次のような内容でした。

> ロシアと日本の間で発生した紛糾に照らし、また平和的解決に至る交渉の過程で直面するだろう困難に照らし、大韓帝国政府は皇帝陛下の命により、ロシアと日本の間で行われる折衝の結果に関係なく、厳正中立を遵守する強固な決意を宣言する。
>
> 〔出典〕「韓国の中立声明に関する件」『日本外交文書』三七―一

局外中立宣言は、先の玄尚健のフランス派遣と関わっていると考えられます。さらに、駐韓ロシア公使は、この局外中立宣言の全文を、発表三日前（一月十八日）にすでに把握していたので、ロシア公使館も関与していたことがわかります。「局外中立宣言」というと、一見、多国間外交のようにみえますが、大韓帝国の局外中立宣言については、朝露間の二国間外交の成果であり、高宗のロシア接近の流れの中に位置づけられます。

ところで、大韓帝国の局外中立宣言によって、「日韓議定書」は調印にいたらず、日韓間の密約交渉は白紙になります。林公使は小村寿太郎外相に宛てた電報で、密約成立が頓挫したことが大変遺憾であるとしながら、この事実は「高宗の決心がいかに乏しく、言質《げんち》や保障がいかに信頼しがたいか」を証明するものであるとして、これからは「実力」をもって交渉に臨まなければならないと述べました。実力とは武力を意味します。

その後、日本は日露戦争を優勢に進めていく過程で、先に頓挫した「日韓議定書」（一九〇四年二月二十三日）を結びます。続いて、「日韓議定書」の条項にある「未悉《みしつ》の細条（未だ決まっていない細部条項）」の「臨機協定」として第一次日韓協約（一九〇四年八月二十三日）を結び、日本政府が推薦する財務顧問と外務顧問をおく顧問政治を進めます。さらに、日露戦争の勝利後には、大韓帝国の外交権を日本外務省に委任する第二次日韓協約（一九〇五年十一月十七日）を結んで大韓帝国を保護国にします。とくに、第二次日韓協約締結時には、日本政府は軍隊をソウルに派遣し、強圧的な態度で大韓帝国の政府大臣たちに条約への賛否を問う「実力」行使をしており、条約の合法性をめぐる議論を生み、今日に至るまで日韓関係に影響を及ぼしています。

3 日韓歴史認識問題の根源は何か

「第二次日韓協約」か「乙巳勒約」か

一九〇五年十一月、第二次日韓協約を可能な限り日韓間の「合意」の形式で結ぶため、伊藤博文は大韓帝国皇室慰問の名目で訪韓しました。高宗は伊藤に対して閔妃殺害や日本の顧問政治への不満を吐露すると、伊藤は「韓国はいかにして今日に生存すること得たるや」「韓国の独立は何人の賜物なのか」と日本による大韓帝国の独立保持を正当化しながら、保護条約案を高宗にみせます。高宗は、「国家の形式だけは残してほしい」と哀訴しますが、伊藤はこの保護条約の規程が外交権のみに及ぶものであり「国家の存続に何も影響はない」と返答し、外部大臣と駐韓日本公使の間でこの条約を協議することを高宗に認めさせます。

ソウル市内に復元された重明殿での第二次日韓協約を議論している場 中央は伊藤博文(筆者撮影)。

ただ、大韓帝国の政府大臣はだれも進んでこの条約に賛同しなかったので、伊藤が長谷川好道大将を同伴して参内して、高宗や大臣たちに対して締結を迫りました。その結果、大臣たちは賛成五人、反対二人となりました。その後、高宗が「韓国が富強を致しその独立を維持するに足るの実力を蓄ふるに至らば、この約案を撤回する」という一文を条約に挿入することを希望していると宮内相を通じて伝えられると、伊藤はこれを高宗の「裁可」とみなして、第二次日韓協約を外部大臣と駐韓日本公使に結ばせました。

このように「第二次日韓協約」は、国家の外交権を他国に委任するという重大な内容にもかかわらず、①日本が武力を背景に、②高宗が裁可をしたのかどうかも曖昧な状態で、③大韓帝国内の通常の決裁過程を経ないままに調印されました。そのため、当時から、大韓帝国内でも第二次日韓協約は無効であると白紙化を求める上疏があいついであがりました。加えて、一九〇七年には、高宗がハーグで開かれる万国平和会議に密使（特使）を派遣して、右の三点である①武力による締結、②高宗の裁可がない、③通常の決裁過程を経ていないことをあげて、第二次日韓協約が無効であると世界に訴えようとしました。この事実に照らせば、高宗が第二次日韓協約に賛同していなかったことは明らかです。

そのため現在、韓国の高校の歴史教科書では、第二次日韓協約を「乙巳《いっし》勒約《ろくやく》」と学びます。「乙巳」とは第二次日韓協約が結ばれた一九〇五年をさし、「勒約」とは無理やりに結ばされた条約、そのために成立していない条約という含意があります。

日本の日本史の教科書では、第二次日韓協約が「合法」だったのか「不法」だったのかということを考えさせる余地もなく、「韓国の外交権を奪い、漢城に韓国の外交を統轄する統監府《とうかんふ》をおいて、伊藤博文が初代の統監となった」（山川出版社『日本史探究詳説日本史』）と、史実を教えます。

しかし、韓国の歴史教科書では、たとえば下図のような「韓日脅約図」が挿絵として掲載されています。韓国では漢字を習わないので、「日韓協約」の「協」と「脅」の漢字が音読みは同じであるが、意味が違うことを説明した上で、日本軍が高宗に刃物を突きつけながら脅してこの条約を結ばせたことを示すキャプションが付されます。

つまり、韓国では「第二次日韓協約は、日本が高宗を脅して、高宗は合意せず、政府内の通常の決裁過程を経ないで結ばれた条約であり、無効である」という立場を教科書で示しているのです。

日韓歴史認識問題の根源は、日本による大韓帝国の植民地化を決定した「韓国併合に関する条約」（一九一〇年、以下「韓国併合条

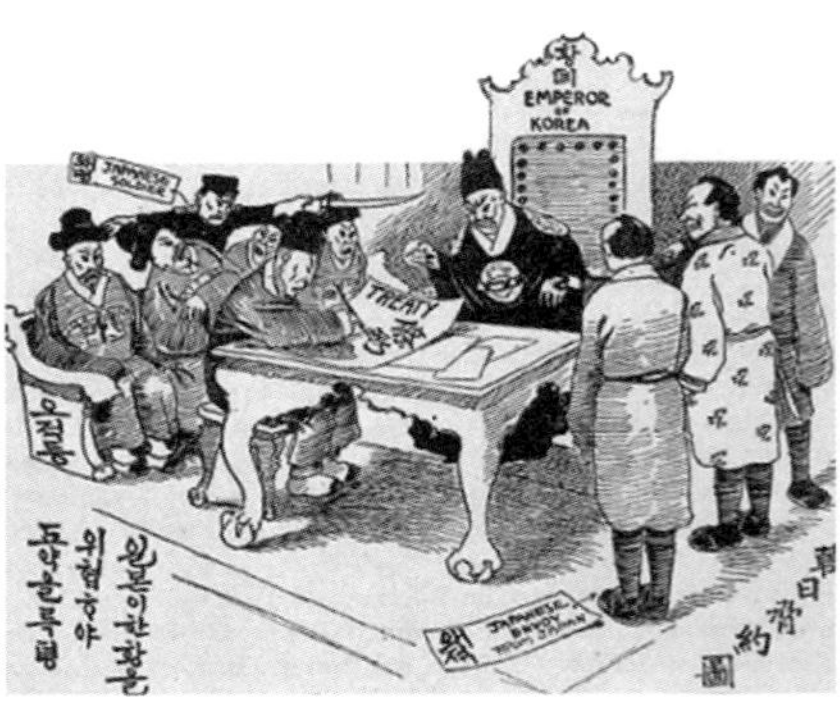

『韓日脅約図』（『新韓民報』）「題目の「脅」の字は脅威するという意味だ。刀をもった日本軍人が高宗をねらっている姿で当時の状況を風刺している」とキャプションがある。

〔出典〕「韓日脅約図」高校韓国史、MiraeN 教科書。

約」とする）にあると思うかもしれません。もちろん、韓国併合条約も重要です。日本の日本史教科書では、第二次日韓協約よりも韓国併合条約による「韓国併合」を太字で記載し、暗記を誘導します。しかし、韓国では韓国併合条約よりも、「乙巳勒約」の締結が対日歴史認識を形成する上でより一層重い歴史です。高宗皇帝も、政府も、多くの国民も賛同していない「勒約」あるいは「脅約」によって、しかも日本の軍事力を背景に大韓帝国の外交権がうばわれ、日本の保護国となったことをうらみ、反発する気持ちがあるのです。

そして、ハーグ密使事件（ハーグ特使派遣）を契機に高宗は譲位させられ、純宗が即位します。しかし、純宗は毒茶事件（一八九八年）により障害を負っていたとされ、大韓帝国の内政を日本が掌握することを取り決めた第三次日韓協約（一九〇七年）、そして大韓帝国に関する一切の統治権を日本が掌握する韓国併合条約（一九一〇年）の締結に対して、高宗がみせたような独自外交の展開や抵抗はみられません。韓国併合条約では、純宗が日本の天皇に対して、大韓帝国の統治権を「完全かつ永久に譲与」し、日本の天皇がこの譲与を「受諾」して、大韓帝国を日本帝国に併合することを「承諾」するという、日韓双方の合意の形式をとります。これによって、これまで本章でみてきた朝鮮・大韓帝国という「政府」がなくなってしまうのです。

だからこそ、現在の韓国の歴史教科書では、合法ではない第二次日韓協約の後に、第二次日韓協約を前提として結ばれた第三次日韓協約も韓国併合条約も無効であり、日本の植民地支配は「強制占領」(強占)だったという解釈をします。また、「乙巳勒約」に賛成した五人は「乙巳五賊」と称され、中でもその一人であり、のちに韓国併合条約に調印する李完用は「親日派」とされる代表的な人物です。「親日派」とは「日本を好きな人」などという意味では決してありません。日本の植民地支配(韓国併合への過程も含む)に積極的に加担した売国奴で、反民族行為者、裏切り者という厳しい批判の意味が込められています。

上述したような「韓国からみた韓国併合の歴史」を日本の高校生はほとんど学ばないので、日韓併合の「合法」「不法」問題が、現在も日韓関係の慰安婦問題や徴用工の問題などの外交問題に通底しているにもかかわらず、日韓の若者の間で知識の落差が埋められません。K-POPをはじめとする韓国文化のソフトパワーによって文化交流は進んでいますが、残念ながら文化交流が歴史問題を解決する糸口とはなっていないようです。韓国文化に魅了された日本の若者が、韓国側の歴史認識に片寄ることがないように、日本における韓国・朝鮮に対する歴史教育の拡充をはかることが、将来の両国

歴史認識の食い違い

の関係改善にもつながることではないかと思います。

以下で取り上げる「ハーグ密使事件」と「韓国併合」についても、歴史認識の相違を表す出来事なので、日本ではどのように学びを深めるとよいか考えてみてほしいと思います。

ハーグ密使事件は「無視された」事件で済まされるのか

上述したように、高宗は第二次日韓協約の無効を世界各国に訴えようとハーグ密使事件(韓国の歴史教科書では「ハーグ特使派遣」と表現しますが、本章では日本の教科書の記載に従って以下、「密使」あるいは「密使事件」とします)を起こします。しかし、アメリカやイギリスのみならず、ロシアと日本の間でも、朝鮮半島を対象に含めた帝国主義的な勢力圏の分割の協議が成立しようとしており、密使の訴えを聞き入れようとする国はありませんでした。

そのため、日本の日本史教科書にも、「これ(第二次日韓協約)に対し韓国皇帝高宗は、一九〇七(明治四十)年にオランダのハーグで開かれた第二回万国平和会議に密使を送って抗議したが、列国に無視された」(山川出版社『日本史探究　詳説日本史』)と、ハーグ密使事件について記載されているのも首肯できます。

しかし、当時の高宗は一八八二年に修好通商条約を結んだアメリカやイギリス、そして何よりロシアが第二次日韓協約の無効を理解し、大韓帝国を救ってくれると期待していました。高宗は、日露戦争の講和条約であるポーツマス条約が締結された直後に、第二回万国平和会議の主催国がロシアであることを知り、この機に全世界に大韓帝国の実情を明らかにして主権を回復しようと考え、ロシア公使がいる中国（保護条約によって駐韓ロシア公使館は廃止され領事機能に縮小し、駐韓ロシア公使は上海に召喚されていました）に使節を派遣して協議させました。このとき、ロシア政府は、大韓帝国を第二回万国平和会議に招請する国家の名簿に入れることを約束し、同じ頃、ロシアのペテルブルグにいた大韓帝国の使節（李範晋《イボムジン》）にも伝えていました。けれども、アメリカのセオドア・ローズヴェルト大統領は、一九〇五年十月十七日に、招請国の名簿に大韓帝国が含まれていることをロシア大使から伝達を受けると、これを日本政府に伝え、秘密裏に協議していました。

他方、第二回万国平和会議開催が確定する一九〇七年には、日本とロシアは満洲をめぐる協定締結に向けて動き出します。ロシアのイズヴォリスキー外相は本野《もとの》一郎《いちろう》駐露公使に対して日露和親のために取決めを結ぶことを提案しており、高宗が願った方向とは異なる方向にロシア外交が動き出します（第一次日露協約締結、一九〇七年七月三十日）。それでも、高宗は密使派遣をあきらめず、全権代表として李相卨《イサンソル》、李儁《イジュン》、李瑋鐘《イウィジョン》を派遣する決心をし、アメリカに独立特使として任命・派遣していたアメリカ人英語教師のハルバート（Homer B. Hulbert）とともにハーグに派遣しました。彼らは、ロシアのニコライ二世に送る高宗の親書とハーグで朗読する高宗の親書を持参しました。イギリスやフランス、オーストリア＝ハンガリー帝国やロシアなどに宛てて、日本の欺瞞を批判し第二次日韓協約の無

資料４　ニコライ２世への高宗の親書

私はだんだん困難を感じています。この屈辱を訴えるところがどこにもなかったけれど、幸いにも、今、国際会議が開催されます。私は、この会議で大韓帝国が日本から受けている屈辱を明らかにすることができればと考えます。大韓帝国は、日露戦争が発生する前に中立を宣言した中立国であることは、全世界がよく知っていることです。それなのに現在の大韓帝国がおかれている実情を見ると憤慨するほかありません。

陛下は私の国家が過ちもないのに経験している無念な状況をよくご存じなので、私が派遣する使節が平和会議で国の実情を明らかにできるように協力してくださることを願います。もし成功すれば、私は大韓帝国の主権を回復できることと信じて疑いません。

〔出典〕朴鐘涍『激變期　한・러關係史(激変期の韓・露関係史)』図書出版先人、2015年。
森万佑子訳。

ニコライ2世（1868〜1918）

ロマノフ朝最後の皇帝(在位1894〜1918)。シベリア鉄道を完成させ、極東進出を図ったが、日露戦争の敗北で挫折した。1917年、十月革命により史上初の社会主義国家が成立しボリシェヴィキが政権を獲得すると、家族とともに革命派によって処刑された。

ユニフォトプレス提供

効を訴える高宗の親書は、現在、コロンビア大学に所蔵されています。ニコライ二世への高宗の親書には**資料4**のように書かれていました。

第二次日韓協約は調印されているものの、高宗にとってそれは不当なもので、日本からこうむった屈辱は全世界にあばかれ、中立国である大韓帝国の立場が守られるべきだと信じている様子がうかがえます。韓国語では「名分」という言葉がよく使われます。「当然に守られるべき道理」などと訳され、日本語でも「大義名分」と使われます。高宗は、国際政治の場でも、「名分」が通じるものだと考えていたと思われます。

一九〇七年四月二十二日にソウルを出発した李儁は、二十六日にウラジヴォストクで李相卨と合流し、五月二十一日にシベリア横断鉄道にのり、六月四日にロシアの首都・サンクトペテルブルクに到着します。彼らはすぐに高宗が駐露公使としてかつて派遣していた李範晉を探し、彼の息子・李瑋鐘に会って、高宗の親書と信任状をみせ、第二回万国平和会議に特使として行くことを協議します。しかし、このとき、すでにロシア外務省から大韓帝国の代表者としての第二回万国平和会議への出席はむずかしいことが伝えられました。しかし、あきらめなかった三人は六月二十五日、ハーグに到着します。すでに、四五カ国から二四七人の代表たちが集まった中で、第二回万国平和会議が開催されて一〇日が過ぎていました。

大韓帝国の代表を会議に受け入れないことは、日本代表の根回しもあり、すでに関係国の間では決定していました。それは、保護条約によって大韓帝国が日本への外交権の移譲を認めており、すでに二年間も外交関係がないことを理由としていました。しかし、そのような各国の動きを知らない密使三人は、ハーグ到着の翌日、会議の議長を務めるロシア代表・ネリドフ(Nelidof)伯爵に会見を求めましたが、面会さえ拒否されました。次に、三人は、主催国であるオランダ政府から招待されていない国の代表には参加資格がないと聞かされたため、オランダ外務省を訪問しましたが、外務大臣からは日本政府の紹介がなければ会見はできないといわれ、面会を拒否されました。同時に第二回万国平和会議への参加も認められないことが告げられました。ハーグ密使三人が主張する、第二次日韓協約への批判や大韓帝国の実情の訴えに対しても、この会議はそうした「政治的問題」をあつかう場ではないとし、三人が求めた仲裁裁判に関する第一委員会への参加も拒否しました。その日、李瑋鐘はニューヨーク・タイムズの記者に対して、期待が裏切られて落胆した気持ちを吐露しています(一九〇七年六月三十日付)。

「ハーグ密使事件」は、右のような流れの出来事です。第二次日韓協約に対する高宗の強い不満や、国際政治の場なら協約を解消できるという期待、さらに大韓帝国が上海やウラジヴォストク、サンクトペテルブルクなど中国やロシアなどに派遣していた外交官による外交交渉の成果など、大韓帝国の政治外交が多様に反映された出来事といえます。そのため、現在の韓国の歴史教育で「ハーグ特使派遣」は、日本の支配に抵抗し国権を守ろうとした重要な史実の一つとして学びます。以上から、ハーグ密使事件は、当時の史実としては密使三人の行動は関係各国に無視され、高宗が願った「第二次日韓協約の無効化」や「大韓帝国の主権回復」といった結果を獲得することはできませんでしたが、大韓帝国の政治外交の結実ともいえる出来事でした。この出来事を、日本では日本の条約に不満を示し背信した「ハーグ密使事件」と解釈し、韓国では日本に抵抗し国権守護をめざした「ハーグ特使派遣」と解釈しているのです。

なぜ韓国では「韓国併合」という用語を使わないのか

ハーグ密使事件の情報が伝わると、高宗の行為は日本に対する背信だとの批判があいつぎ、総理大臣・李完用を中心に高宗を譲位させる動きが大韓帝国政府内で生じます。一九〇七年七月に日本で開かれた、元老・閣僚会議では高宗の譲位については否定的な意見が多数であり、譲位は日本政府の方針ではありませんでした。しかし七月六日、李完用は伊藤博文統監を訪ねて、「国家と国民とを保持すれば足る。皇帝の身上の事に至っては顧みる必要はない」と高宗の譲位をほのめかしました。そして、李完用らの再三の説得により、七月十九日午前一時、高宗は譲位に同意しその詔勅を発布しました。高宗は強制的に譲位させられたのです。

それでは、なぜ、高宗の譲位をもって大韓帝国は日本に併合されなかったのでしょうか。日本が韓国を併合するのは一九一〇年八月なので、高宗譲位から三年の歳月がたっています。この間、息子の純宗が皇帝につくとともに、譲位とほぼ同時(一九〇七年七月二十二日)に結んだ「第三次日韓協約」によって、日本政府は大韓帝国の内政をも掌中にしました。

高宗の譲位をもってただちに大韓帝国を併合しなかったことについては、伊藤博文の韓国併合をめぐる認識についてさまざまな見解が示されています。とくに、先述した一九〇七年四月十三日の日露協約の過程で、伊藤博文が林董《はやしただす》外相に宛てて日露協約に関して送った文書の中で、本野一郎駐露公使の稟議に賛成して、「韓国に関し『将来の発展』という用語は『アネキゼーション(Annexation〔併合〕)』迄も包含する旨を明らかにするを最も得策なりとす」、「韓国の形勢今の如くにして推移せば、年を経るに従って『アネキゼーション』は益々困難になるに至るべし、故に今日に於て我意思の在る処を明らかにし予《あらかじ》めロシアの承諾を得置かざるべからず」と述べたことが論争の背景になっています。

つまり、伊藤を即時併合派だったとし、これは伊藤の心中に併合が根づいていたことをよく表す確実な証拠だとみる見方と、伊藤は併合反対派であり、伊藤は他の文書ではアネキゼーションという表現は使っていないので、このときだけ、韓国内の反日状況に動揺して併合の可能性を考慮し始めたに過ぎず目標としては考えていなかったとみる見方などがあります。

みなさんは伊藤博文の併合論をどのように考えますか。筆者は、右の発言はあくまでも日露協約の過程で生じたもので、韓国統治そのものの際中に、たとえば李完用はじめ大韓帝国の関係者との間で生じた会話ではないことが重要だと思います。つまり、政治外交を担う人は、将来に起こりうるありとあらゆる可能性を考えて、韓国だけでなく全世界の動きに目を配りながら外交にあたります。その中に、もちろん、韓国併合が一つの可能性としてあったことは事実だと思います。伊藤はそうした将来のさまざまな外交政策を見越して日露協約にあたっていましたので、「アネキゼーション」という発言が出たのであって、必ずしも即時併合を希望していたとは思いません。

他方、第三次日韓協約締結直後の一九〇七年七月には、伊藤博文は大韓帝国の政府高官を前に、**資料5**のように、述べています。つまり、伊藤は韓国の独立は、日本が与えた有名無実のような「空名」だけれども、日本は保護はしても決して「併呑」はしない、「併呑」はむしろ日本にとって迷惑であると述べているのです。これは、大韓帝国の政府高官への叱咤激励ともとれます。しかし、そんな伊藤も、朝鮮人の反日行為に失望して併合やむなしとの立場に変わります。統監辞任の際に、「この三年間で韓国人の生活水準は改良進歩していない」(**資料5**同『小村外交史』)と保護統治への絶望を吐露したと解されるのは、伊藤がそれだけ併合ではなく保護統治下で、大韓帝国が日本の指導に協力・努力して近代国家形成をめざしてほしいと願っていたと考えられます。

では、なぜ併合に二年もの歳月が必要だったのでしょうか。国際政治の動きに着目すれば、満洲をめぐる日清協約の締結(一九〇九年九月四日)や、モンゴル・満洲をめぐる日露協約が成立したために、併合に踏み切れたといえるでしょう。一方で、大韓帝国と日本との関係に着目すれば、合意による

資料５　第三次日韓協約締結後の伊藤博文の発言

韓国の独立自主は一に日本の主張に係るものである。過去数百年間、韓国には未だ嘗て一人の独立を唱えたものはない。しかも今回の日韓協約を以て、或は韓国の独立を破綻蹂躙せんとするものの如く思うが如きは何の心であるか。独立は僅に三十年以来、日本が韓国に与えた空名である。けれども日本は敢て韓国を併呑せんとするのではない。併呑は日本に取りて寧ろ迷惑である。日本は既に確実に韓国を保護している、何を苦しんで併呑を為さんや。

〔出典〕外務省編『小村外交史』下巻、外務省ウェブサイト。

資料６　韓国併合について小村寿太郎の回想

我が政府は韓国の独立扶翼、独立維持等を幾たびか宣明した。よしんばこれ等の宣明は、各その時代に於ける当該事態に応ぜしめたもので、時勢の変遷は政策の変遷を要することは論なしとするも、我方より進んで併合を決行することは聊《いささ》か面白からざる関係もあるので、小村は主義としては併合断行の決意は疾く四十二年の初めに於て既に牢乎として抜くべからざるものがあったが、これ等機微の関係に鑑み、寧ろ満を持して適当の時機の到来を俟つの方針であった。

〔出典〕同前『小村外交史』。

「併合」が可能になったからだといえます。小村寿太郎も**資料6**のように振り返っています。

つまり、日本政府はこれまで再三にわたり大韓帝国の「独立」を訴えて外交や内政を指導、保護、そして監督をおこなってきました。そうした経緯からすると、日本政府から進んで併合を決行するのは面白くないため、時機を待っていたというのです。

この間に、日本政府から進んで大韓帝国を侵略するような様相をみせないための用語が新たにつくられました。それこそ、いま、私たちになじみのある「併合」という用語でした。当時は、先の伊藤博文の発言にもある通り、「併合」よりも「併呑」という用語が一般的でした。小村の対韓方針にそって立案の命を受けた外務省政務局長の倉知《くらち》鉄吉《てつきち》は、**資料7**のような理由から「併合」という用語を苦心しながら考案しました。つまり、いま、私たちが歴史の教科書で習う「韓国併合」という用語は、当時からよく使われていた用語ではなかったのです。小村外相の対韓方針を反映させ、大韓帝国の領土を日本の領土の一部として、大韓帝国と諸外国との条約も解消するような関係をつくるためには「合併」では弱い。かといって「併呑」では、「独立」保持を名目としてきた大韓帝国に対して、侵略的な意味あいが強くなるために使いたくない。その結果、「併合」という新しい用語を案出したというのです。「併合」であれば、小村外相の考える、「我方より進んで」大韓帝国の領土を日本の領土の一部にしたようなイメージではなくなると思ったのです。

しかし、そのために、現在の韓国では「韓国併合」という用語は、日本が侵略性を弱めるために故

資料 7 「併合」を考案した倉知鉄吉の回想

当時、韓国を日本に合併するという議論は、世上に相当唱えられたけれども、未だその意味が能く了解されて居なかった。恰も会社の合併のように日韓両国対等で合同するのだというような考え方もあり、また一方には、オーストリア＝ハンガリーのような連合国形態を採るべしとする考え方もあって、文字も「合邦」とか「合併」等、種々の文字を用いて居った。然るに小村外務大臣は、韓国は全く日本の内へ入ってしまって、韓国と諸外国との条約も無くなるのだという考え方であった。兎に角、「合邦」という文字は適切でない。さりとて「併呑」では如何にも侵略的でこれまた用いられぬ。種々苦心した結果、私は今まで使用されたことのない「併合」という文字を新たに案出した。これならば、他領土を帝国領土の一部とするという意味が「合併」よりも強い。それ以後は「併合」の文字が公文書に用いられたが、最初に用いたのはこの対韓方針書〔1909 年 3 月 30 日総理へ提出、7 月 6 日閣議決定、同日御裁可〕に於てである。

〔出典〕倉知鉄吉『韓国併合之経緯』、アジア歴史資料センター B10070466800。

資料 8 寺内統監が李完用首相に提示した併合方針覚書

〔上略〕爾来、帝国政府は孜々《しし》として韓国の扶掖《ふえき》に尽瘁《じんすい》したりといえども、現在の如き複雑なる制度にては、到底、韓国皇室の安固を恒久に確保し、且、韓民全般の福利を完全に保護する能わざるに依り、ここに両国相合して一と成り、彼我の差別を撤去し、もって韓国の統治機関を統一するをもって相互の便益と認めたり。故に日韓の併合は、彼の戦争または敵対の結果より生ずるが如き事態と同視すべからざるは勿論、寧ろ和気靄々《あいあい》たる間に協定を遂ぐべきものにして、韓皇陛下は時運の趨勢に鑑み、自ら進んでその統治権を我が天皇陛下に譲与せられ、その位を去りて〔後略〕。

〔出典〕海野福寿『外交史料韓国併合』下巻、不二出版、2004 年。

意に創出した用語だとして使用を忌避しています。韓国併合について「国権強奪」や「強制併合」などと呼ぶのはそのためです。

一九一〇年八月十六日、寺内正毅《まさたけ》統監が李完用首相を招いてはじめて、韓国併合を公式に定義した覚書には**資料8**のようにあります。

韓国併合は、日韓間の戦争や敵対の結果によって生じるものではなく、日韓が和気あいあいとした中で一つとなるものだと強調しているのです。その背景には、大韓帝国の複雑な制度があり、これ以上、日本の統監統治では大韓帝国の皇帝や人民の福利を保護できないため、大韓帝国の皇帝が自ら進んで統治権を日本の天皇に譲与し、現在の位を去るのだと伝えています。ここで示されたような、日韓相互の幸福を増進し、純宗皇帝が大韓帝国の統治権を日本の天皇に譲与するという内容は、ご存知の通り、「韓国併合に関する条約」(一九一〇年八月二十二日)にそのまま継承される内容です。さらに、二十九日には、日本の天皇が純宗皇帝を冊封して「昌徳宮李王《チャンドックンイワン》」、高宗を冊封して「徳寿宮李太王《トクスグンイテワン》」としています。かつて、中国皇帝が朝鮮国王にしていた「冊封」を、日本の天皇がおこなうことになったのです。

十九世紀末から二十世紀初頭にかけて、アジアにおいて中国を中心とした中華秩序が崩れ、帝国日本が台頭する世界史の大変化を確認することができます。

4　なぜ朝鮮半島には二つの国家が存在するのか

併合を前後して「親日派」はどうなったのか

大韓帝国末期、「一進会《いっしんかい》」という代表的な親日団体がありました。一進会は、旧独立協会会員の尹始炳《ユンシビョン》らが、日露戦争が切迫してきた一九〇三年冬、大韓帝国政府の無能を感じ、民権を伸長し国力を維持しようと考え、翌〇四年八月十八日に「維新会」を設立したことに始まります。このとき、会の設立に奔走したのが宋秉畯《ソンビョンジュン》で、当時、駐韓日本軍司令部の通訳として、日露戦争時に韓国人を日本軍に協力させるために独立協会の元会員に接近し、尹始炳を前面に立てて「維新会」を結成させました。その二日後には、名称を「一進会」に改めましたが、このときの「一進会」は、ソウルの一部知識人らの組織にすぎず、民衆の支持はまったく有していませんでした。設立にあたり四大綱領（**資料9**）を掲げました。

他方で、「進歩会」という東学を母胎とした団体も登場します。甲午農民戦争ののち、厳しい追及をのがれた第三代教祖・孫秉熙《ソンビョンヒ》は、一九〇〇年に、

資料９　「一進会」四大綱領

一、皇室を尊重し、国家の基礎を強固にすること
一、人民の生命財産を保護すること
一、政府は改善政治を実施すること
一、軍政財政を整理すること

李祥憲と改名して日本にわたり、内外の情勢を観察しながら、国内教徒と連絡をとって教勢再建に力をそそぎました。そのような中で、日露戦争がさけられない情勢になり、孫秉熙はここで傍観すれば祖国が戦勝国に隷属させられるのはさけられないため、戦勝国側に加担して戦勝国の地位を確保するほかないと考えました。そして、彼はその戦勝国として日本を予想し、日本軍に接近します。孫秉熙は日露開戦にあたり、日本陸軍省に軍資金を援助し、国内では「大同会」を組織し、文明化のシンボルとして会員をいっせいに断髪させました。「大同会」はのちに「進歩会」と改称し、その統括を東学教団内で重要な地位にあった李容九《イヨンク》に任せました。

日露戦争の最中、宋秉畯を中心とした一進会と李容九を中心とした進歩会が合同して「一進会」を結成し、大韓帝国政府に不平不満をもつ人々が集まり一大勢力となりました。進歩会は東学を母胎としていたために地方会員が多く(**地図**)、一進会と合同した後は相互補完的な活動が可能になりました。一九〇四年十二月二日に合同して成立した「一進会」は、会長に尹始炳、地方総長に李容九、評議員長に宋秉畯がつきました。翌〇五年に日露戦争で日本が勝利し、大韓帝国の日本への保護国化が既定路線となると、同年十一月五日、一進会は日本に対して保護国化を求める「宣言書」を出しました。その内容の一部は**資料10**のような内容でした。

一進会の考えとしては、すでに日韓議定書の締結をもって大韓帝国の外交権の実体は有名無実であり、保護条約を結んで外交権を日本政府に委任しても形式が変化するのみで、実態には変化がないと説明します。そして、大韓帝国の国家の独立、安寧そして幸福を享受するためには日本の指導と保護に依るべきだというのです。こうした一進会の主張に対し、国内の各新聞はいっせいに批判しました。

大韓帝国の保護国化後、一九〇六年に入ると、一進会はほぼ全国的な組織となっていました。さらに、統監府嘱託の身分として統監・伊藤博文に同行して訪韓した黒龍会主幹・内田良平と李容九が出会い、活動の幅を広げます。〇七年の李完用内閣では宋秉畯が入閣したことにより、多数の一進会幹部が政界に進出したり、政府機関の下級官吏として採用されたりするなど、一進会はじめて政権に関与するようになります。しかし、名門両班《ヤンバン》出身の李完用と出自が低く旧来の両班秩序の解体をめざす宋秉畯の間の蜜月は長く続かず、〇八年六月には一進会会員の多くが地方官吏を更迭されています。とくに、〇九年二月の純宗巡幸に陪従し

資料 10　一進会による日本に保護化を求める「宣言書」

〔上略〕**日韓両国の関係、将来如何なる変態を生ずるやを知らずと雖も、仮令外交の権を日本政府に委任し、在外公使の召喚、駐韓公使の撤退ありとして起る所の問題は何ぞ。之を論ずる者は曰く独立の大権害せられ、国家の体面損傷すと。或は蒼惶奔走して亡国の嘆を発するものあり。然れども是一を知って二を知らず。前定日韓議定書中、既に外交の事大小となく日本政府推薦の顧問官に諮問する事を明記す。若し外交の事を挙げて日本政府に委任するも其の差果たして幾何。其の実体は一つのみ。只形式の変化に過ぎざるのみ。**〔中略〕**我は一心同気、信義を以て友邦に交り、誠意を以て同盟に対し、其の指導保護に依り国家の独立、安寧、享福を永遠無窮に維持せん。茲に敢て宣言す。**

〔出典〕姜昌一『近代日本の朝鮮侵略と大アジア主義 ―― 右翼浪人の行動と思想』明石書店、2022年。

〔出典〕姜昌一『近代日本の朝鮮侵略と大アジア主義 —— 右翼浪人の行動と思想』明石書店、2022年、217〜218頁を参照。

た宋秉畯は、朝鮮人の反日的な態度に怒り、伊藤博文の保護統治に歯がゆさを感じ、早期の日韓合邦(併合)を訴え、職を辞して野党的な立場に立つほどでした。

一九〇九年十月二十六日、伊藤博文がハルビンで安重根《アンジュングン》によって暗殺されると、一進会は韓国併合の時機とみなし、「日韓合邦声明書」を提出します(一九〇九年十二月四日)。その内容は、大韓帝国が現在のような状況におちいったのはすべて「我が韓国人自ら招いたこと」として、**資料11**のようにいいました。

一進会はこのように大韓帝国における日本の天皇の統治を求める「日韓合邦声明書」を提出しましたが、日本政府は同年七月には大韓帝国の併合を既定路線としており、あとは列強との調整を経るのみでした。そのため、一進会の「日韓合邦声明書」が、日本政府による韓国併合の時期を早めるなどの直接的な影響を及ぼすことはありませんでした。それどころか、日本政府は「日韓合邦声明書」に対して曖昧な態度をとり、韓国併合後には一進会を解散させています。

なお、韓国併合後、大韓帝国の皇族は日本の皇族に準ずる礼を受ける「王公族」という新しい身分に編入されました。また、併合を助けた高位層の「親日派」は、国権を失った一九一〇年十月に朝鮮貴族という身分がつくられ、爵位(侯爵六人・伯爵三人・子爵二二人・男爵三七人)を受けました。

一進会が主軸になった自衛団援護隊幹部の記念写真　最前列右から四人目が内田良平、五人目が李容九、その隣が李容九の母。

〔出典〕葛生能久著『日韓合邦秘史』黒龍会出版部、1930 年、国会図書館デジタルコレクション。

資料 11　一進会による「日韓合邦声明書」

〔上略〕我が皇室を万世尊崇する基礎を鞏固にし、我が人民をして一等待遇の福利を享受せしめ、政府と社会をますます発展させることを主唱し、一大政治機関を成立させようとするならば、我が韓国の保護劣等にある羞恥を脱却し、同等政治の権利を獲得する法律上の政合邦というのが一つの問題となる。〔中略〕果たして日本皇室と政府と世論がこれを容認するかどうかは分からないが、我が二千万国民は一同誠心をもってこれを訴え求めるべきである。〔下略〕

〔出典〕佐々光昭訳、宮嶋博史責任編集、古川宣子編集協力『植民地化と独立への希求　保護国から三・一独立運動へ』(原典朝鮮近代思想史 4)岩波書店、2022 年。

独立運動はどのようにおこなわれたのか

一九一九年二月八日、東京の朝鮮人留学生は神田の在日本朝鮮基督教青年会のホールで一一人の署名からなる独立宣言書を発表しました(「二・八独立宣言書」)。

日本の朝鮮人留学生は、上海で独立運動をしていた呂運亨《ヨウニョン》やアメリカで独立運動をしていた李承晩《イスンマン》などとも連絡を取りあったとみられ、アメリカ大統領ウィルソンの「民族自決」にも言及しています。日本の朝鮮人留学生が大規模な独立運動に向けて本格的に動き出すのは一九一八年末で、翌一九年一月には北京から李光洙《イガンス》が参加しています。李光洙は、一五年に早稲田大学に留学し、一七年から『毎日申報』で小説『無情』を連載しており、朝鮮文壇のスターであり、現在も朝鮮の近代朝鮮文学の祖と呼ばれる有名な人物です。そのような李光洙が、「万国平和会議に民族自決主義を吾族にも適用せんことを請求」することにねらいをしぼって、「二・八独立宣言書」を起草しました。「二・八独立宣言書」の末尾はこのような内容になっています。

> 吾族は久遠にして高等なる文化を有し、また半万年間、国家生活の経験を有するものなれば、たとえ多年専制政治の害毒と境遇の不幸とが吾族の今日を致したるにもせよ、正義と自由とを基礎とする民主主義の上に先進国の範を取りて新国家を建設せば、建国以来文化と正義と平和とを愛好したる吾族は必ずや世界の平和と人類の文化とに貢献するところあらん。ここに吾族は、日本または世界各国が吾族に民族自決の機会を与えんことを要求し、もし成らずば、吾族は生存のた

め自由行動を取り、もって吾族の独立を期成せんことを宣言す。

〔出典〕古川宣子訳、同前『植民地化と独立への希求　保護国から三・一独立運動へ』

まず、重要なのは朝鮮民族について「久遠で高等な文化」を有すると矜持《きょうじ》を示し、他の箇所でも「吾族は実に世界最古文明民族の一たり」や「朝鮮は常に朝鮮民族の朝鮮」であると高いプライドを内外に示していることです。これは、日本の統治によって国内外に広められた朝鮮民族の怠惰や独立心の欠如といったイメージを払拭しようとしているといえます。次に重要なのは、そうした民族の「自決」や「独立」を通した「新国家の建設」をめざしている点で、ここでは王公族の尊重や安寧にはふれられていないことです。つまり、本章でこれまでみてきた朝鮮王朝・大韓帝国における王室・皇室による政治の延長は、望まれていないのです。

そして、朝鮮民族が日本による「詐欺と暴力」によって民族の意志に反して植民地となったと、日本に対する鋭い批判が記されます。こうした日本への批判は、「二・八独立宣言書」のほうが、のちの「三・一独立宣言書」よりも強い点が指摘できます。たとえば左のような文もあります。

明哲の称ある韓国皇帝を退位せしめ、智能に欠けたる皇太子を擁立し、日本の走狗《そうく》をもって所謂《いわゆる》合併内閣を組織して、秘密と武力との裏に合併条約を締結せり。茲《ここ》に吾族は建国以来半万年、自己を指導し援助すべきを約したる友邦の帝国主義的野心の犠牲になりたり。実に日本の韓国に対する行為は、詐欺と暴力より出たるものにして、斯くの如く偉大なる詐欺の成功は、人類史上特筆すべき大恥辱たりと信ず。

〔出典〕古川宣子訳、同前『植民地化と独立への希求　保護国から三・一独立運動へ』

「二・八独立宣言書」は、朝鮮語・英語・日本語で作成されており、広く世界に読まれることを意識して作成されたといえます。「二・八独立宣言書」は秘密裏に朝鮮・中国にもちこまれ、二〇日後に起こる三・一独立運動に直接的な影響を与えます。

三・一独立運動の宣言書はどのような内容だったのか

一九一九年一月二十一日午前一時四五分、高宗が突然死去しました(六七歳)。高宗は日頃健康だったため、死因は日本による毒殺ではないかという噂が流れ、反日感情が高まりました。そして、国葬日の三月三日にあわせて多くの民衆がソウルに集まることが想定されました。

「二・八独立宣言書」に触発されていた朝鮮の独立運動家たちは、以前から秘密裏に計画していた独立運動をこの機に実行に移そうとしました。それは、天道教、キリスト教系、仏教系といった宗教をこえたメンバーで構成された三三人の「民族代表」によるもので、崔南善《チェナムソン》の起草で「三・一独立宣言書」を作成し、二万部あまりを秘密裏に全国に配布しました。

崔南善は、一八九〇年ソウルの裕福な家庭に生まれ、大韓帝国期に皇室特派留学生に選ばれ、はじめて日本の東京府立第一中学校(現在の東京都立日比谷高等学校)に留学しましたが、家庭の事情のためわずか一カ月で退学・帰国してしまいます。のち一九〇六年に、私費で早稲田大学高等師範部に入学しますが、この頃に大韓帝国は日本の保護国となります。こうした国家存亡の危機に対して、崔南善は義兵闘争ではなく、大韓帝国を近代化させて、人民に愛国心や知識を啓蒙したのちに国権を取りもどして独立する方法(愛国啓蒙運動)を選び、独立運動を展開します。アジアの中でもっとも近代化に成功した日本とは、すぐに対決できる状況にないと認識していたのです。それでも、彼は一九〇八年には日本の出版社を参考にして「新文館」を設立し、雑誌『少年』を創刊(一九一一年五月廃刊)するなど、朝鮮の民衆がさまざまな知識にふれる機会をつくることをあきらめませんでした。

このような崔南善が起草した「三・一独立宣言書」は次のように始まります。

我らはここに、我が朝鮮が独立国であることと、朝鮮人が自主の民であることを宣言する。このことを世界万国に告げ、人類平等の大義を明らかにするとともに、子孫万代に教え諭し、民族自存の正当な権利をいつまでも保つようにするものである。

〔出典〕古川宣子訳、同前『植民地化と独立への希求　保護国から三・一独立運動へ』

「民族自存」の権利の保持は、時代の大勢であるともつけ加えていて、「二・八独立宣言書」以来の民族自決の論理を継承していることがわかります。しかし、「三・一独立宣言書」の対日認識は若干異なります。「旧時代の遺物である侵略主義・強権主義の犠牲となって、有史以来、数千年ではじめて異民族に力で押さえつけられる苦痛を嘗《な》めてから今ここに十年が過ぎた」と日本による植民地支配を批判しつつも、次のように述べます。

丙子《へいし》修好条規以来、時々種々の極めてかたい盟約を破ったとして、日本の不誠実さを責め罰しようとするものではない。日本の学者は講壇において、そして政治家は実際において、我が祖先からの遺産を植民地視し、我が文化民族を野蛮人なみに遇してもっぱら征服者の快を貪《むさぼ》るだけで、我が永遠の社会基礎と卓越した民族心理を無視しているからといって、日本の不義を責めようとするのではない。自己を鞭《むち》打ち励ますことに急な我らには、他を怨《うら》み咎《とが》める暇はないのだ。現在を細心の注意を払って落度なく準備することに急な我らには、過去を批判している暇はない。今日われわれの任務は、ただ自己の建設にあるだけで、決して他の破壊にあるのではない。

〔出典〕古川宣子訳、同前『植民地化と独立への希求　保護国から三・一独立運動へ』

この部分では、丙子修好条規、つまり一八七六年の日朝修好条規にまで遡って、日本の朝鮮の侵略過程における不義や、植民地支配後の日本人の朝鮮人に対する蔑視を批判しうらみを述べています。しかし、そのうらみの気持ちを日本に向けて、武力闘争で日本に立ち向かい、日本を「破壊」せよとはいわないのです。ここが、義兵闘争との違いです。「三・一独立宣言書」に関わった民族代表は、非暴力の穏健なデモを想定していたのです。そのため、民族代表たちは民衆を刺激しないように、当初計画していたソウル中心部にあるパゴダ公園（現在のタプコル公園）ではなく、そこから近いところにある中華料理屋・泰和館に場所を移し、泰和館でこの宣言書を発表したのち、万歳三唱し、自ら警察に電話をして自首しています。

しかし、同じ頃、パゴダ公園にはすでに「三・一独立宣言書」を手にした約二〇〇〇人の学生が集まっていました。ソウルの学生たちは、当初の計画通りに宣言書を朗読したのち、街頭にくり出し、「独立万歳」をさけび、何年かぶりに手にした太極旗を大きく振ってデモ行進をおこないました。中には空腹も忘れ、歓喜の涙を流す者もいたそうです。同日、ソウルだけでなく平壌《ピョンヤン》、元山《ウォンサン》などにも万歳デモが展開し、全国の主要都市だけではなく国外の満洲や沿海州、アメリカのフィラデルフィアなどにも拡散しました。デモの参加者も学生だけでなく、教師・商人・労働者なども加わり、老若男女問わず、つまり女性も参加してデモ行進がおこなわれました。デモの件数は、三月一日～十日に九七件、三月二十一日～三十一日に一六四件、四月一日～十日に一七三件と四月上旬にピークに達し、四月十一日～二十日には二七件と減少します。

この減少の背景には日本の憲兵警察による取締まりがありました。農村に万歳デモが拡散すると様相が異なり、農民は警察官署や郵便所などの役所を襲撃したので武力闘争に発展しました。左頁の**図**の通り、三・一運動の収監者数では農民が五八・四%ともっとも多くを占めています。三・一運動は、知識人が中心になって計画しましたが、先に述べたように、知識人たちは近代化をなしとげた日本に対して、朝鮮人はまだ対抗するだけの力がないと考えていたので、義兵闘争のような日本との直接対決には否定的な態度をとっていたのです。

現在のタプコル公園(筆者撮影)

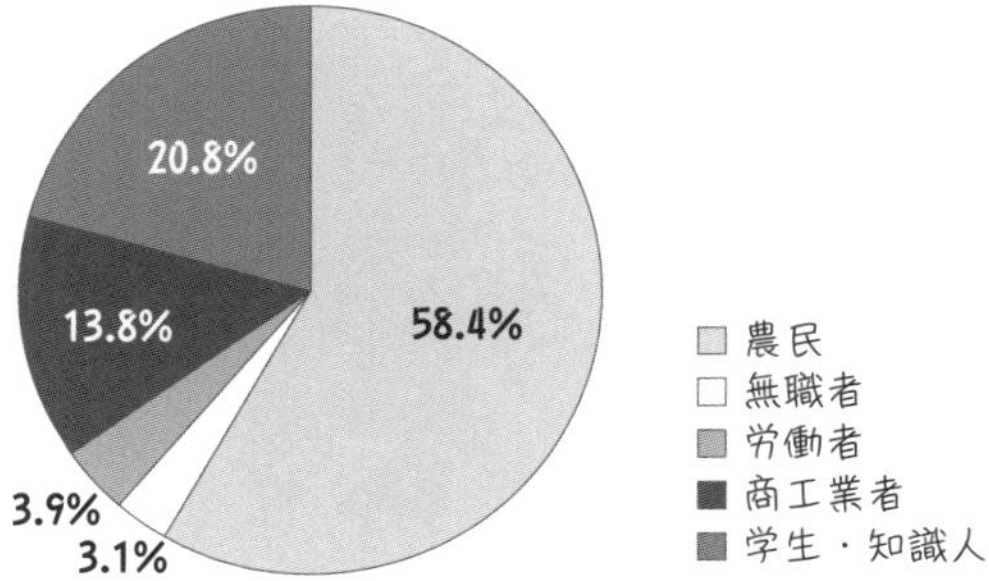

図　三・一運動収監者数の階層別分布

〔出典〕高校韓国史、MiraeN 教科書、172 頁を参照。

朝鮮半島はなぜ分断したのか

このように朝鮮の独立運動にはさまざまな考え方や方法がありました。独立へと向かう方法論の違いや、独立後にえがく国家像の違いは、のちに米ソによって朝鮮半島に分断線が引かれた際に、「分断体制」として二つの国家の成立に導いていく内的なイデオロギー対立に結びついていきます。とはいえ、朝鮮王朝末期や大韓帝国の歴史の流れを振り返っても、あくまでも朝鮮人は一つの近代独立国家の形成をめざしていました。そうした動きは日本による統治が終わる一九四五年八月に、朝鮮人が日本の降伏後の国家形成のために建国準備委員会を組織し、左派や右派を統合した国家の形成をめざしたことからも確認できます。

建国準備委員会の宣言と綱領をみますと、「完全な独立のための数多くの闘争はまだ残っており、新国家建設のための重大な仕事がわれわれの前途に待っている」とあります。そして三つの綱領が掲げられ、その一つ目には、「我々は、完全な独立国家の建設を期する」とありました。くり返しますが、あくまでも朝鮮人は日本の植民地支配からの解放後に、朝鮮人による完全な独立国家を形成することを志向し、そのために努力していたのです。

しかし国際政治の動きは朝鮮人の志向とは必ずしも一致しないどころか、別の方向に動きます。建国準備委員会が組織されるより少し前、一九四五年七月下旬にアメリカ、イギリス、中国の首脳が日本に対して無条件降伏を呼びかけるポツダム宣言を出し、その際に朝鮮半島の戦後統治についても協議しました。さらにアメリカは、ソ連軍が満洲に侵攻を開始しようとする中で、日本の降伏にあたってソ連がそのまま南下して朝鮮半島全域を占領しないように、八月十日から十一日にかけての徹夜会議で、朝鮮半島の新たな統治方法を考案します。

その統治方法を考案した過程は、現在まで残っている史料に次のようにあります。

三〇代の若い将校が、壁に掛かった小さな朝鮮半島の地図を頼りに、米軍担当地域にソウルを含んで朝鮮半島をほぼ二等分できる北緯三八度線を境界とする案を、たった三十分で考えた。

〔出典〕新城道彦『朝鮮半島の歴史――政争と外患の六百年』新潮選書

この北緯三十八度線が現在の南北分断線です。朝鮮人は自らの手で独立国家をつくろうとしましたが、国際政治の動きの前にそれはゆがめられてしまいます。

その後、この分断線は分断体制を導きます。一九四八年八月、北緯三十八度以南に大韓民国(韓国)が成立すると、翌月、それに反発するように以北には朝鮮民主主義人民共和国(北朝鮮)が成立します。一九五〇年には、半島の統一をめざす戦争(朝鮮戦争)が韓国と北朝鮮の間で起こります。同じ民族同士が、これまで長い歴史をともにきずいてきた場で戦うという悲劇です。この朝鮮戦争は終戦せず、現在も休戦中です。二〇二三年七月二十七日に休戦七〇年をむかえましたが、いまも戦争の爪痕は残り、たとえば韓国の男子には徴兵制が義務づけられています。他方、二〇二二年の南北統一の時期に関する世論調査(Gallup Korea No.496)では、韓国の二十代・三十代の約三割が「統一されないほうがよい」

と回答し、他の世代より多く、南北分断体制が根づいてしまっていることが指摘できます。

日本の植民地支配によって朝鮮における国家形成をめぐるイデオロギー対立が潜在化し、本来、諸問題が解決するはずの植民地支配からの解放後に、アメリカが引いた北緯三十八度線で朝鮮半島は南北に分断されました。北部をソ連、南部をアメリカが統治すると決めたことが、現在の韓国、北朝鮮の人々に大きな影響を与え、南北は互いの独立国家のあり方を受け入れることも難しくなってきている現状があります。

朝鮮半島における近代国家形成は、つねに周辺国の影響を受けてきました。そして、同じぐらいつねに、朝鮮人は独立を希求してきました。しかし、独立の意味内容や独立にいたる方法、その先にめざす独立国家像が多様で、ときに一致せず、ときに対立しました。解放後の朝鮮人は外勢の影響を受けずに独立国家の建設をめざしますが、国際政治の動きを前に、またそれぞれの国民(人民)の「独立」の志向の相違によって、希望は果たせないまま、

朝鮮半島の分断

いまにいたります。

参考文献

李穂枝『朝鮮の対日外交戦略――日清戦争前夜一八七六―一八九三』法政大学出版局、二〇一六年
伊藤之雄『伊藤博文をめぐる日韓関係――韓国統治の夢と挫折、一九〇五～一九二一』ミネルヴァ書房、二〇一一年
岡本隆司『世界のなかの日清韓関係史――交隣と属国、自主と独立』講談社選書メチエ、二〇〇八年
岡本隆司『中国の論理――歴史から解き明かす』中公新書、二〇一六年
岡本隆司編『交隣と東アジア――近世から近代へ』名古屋大学出版会、二〇二一年
海野福寿編『日韓協約と韓国併合――朝鮮植民地支配の合法性を問う』明石書店、一九九五年
小野容照『韓国「建国」の起源を探る――三・一独立運動とナショナリズム』慶応義塾大学出版会、二〇二一年
糟谷憲一・並木真人・林雄介『朝鮮現代史』山川出版社、二〇一六年
姜昌一『近代日本の朝鮮侵略と大アジア主義――右翼浪人の行動と思想』明石書店、二〇二二年
木村幹『高宗・閔妃――然らば致し方なし』ミネルヴァ書房、二〇〇七年
小松緑『朝鮮併合之裏面』復刻版韓国併合史研究資料四三、龍渓書舎、二〇〇五年
新城道彦『朝鮮王公族――帝国日本の準皇族』中公新書、二〇一五年
新城道彦『朝鮮半島の歴史――政争と外患の六百年』新潮選書、二〇二三年

田保橋潔『近代日鮮関係の研究』上・下、朝鮮総督府中枢院、一九四〇年
月脚達彦訳注『朝鮮開化派選集――金玉均・朴泳孝・兪吉濬・徐載弼』(東洋文庫)平凡社、二〇一四年
月脚達彦「近代朝鮮の条約における「平等」と「不平等」――日朝修好条規と朝米修好通商条約を中心に」『東アジア近代史』第十三号、二〇一〇年
朴慶植『朝鮮三・一独立運動』平凡社選書、一九七六年
宮嶋博史責任編集、古川宣子編集協力『植民地化と独立への希求　保護国から三・一独立運動へ』(原典朝鮮近代思想史4)岩波書店、二〇二二年
村田雄二郎責任編集『万国公法の時代――洋務・変法運動』(新編原典中国近代思想史2)岩波書店、二〇一〇年
茂木敏夫『変容する近代東アジアの国際秩序』(世界史リブレット41)山川出版社、一九九七年
森万佑子『ソウル大学校で韓国近代史を学ぶ――韓国留学体験記』(風響社ブックレット)風響社、二〇一七年
森万佑子『韓国併合――大韓帝国の成立から崩壊まで』中公新書、二〇二二年
吉野誠責任編集、林雄介編集協力『攘夷と開化　一八六〇年代から日清戦争まで』(原典朝鮮近代思想史2)岩波書店、二〇二二年
李成市・宮嶋博史・糟谷憲一『世界歴史体系　朝鮮史2――近現代』山川出版社、二〇一七年
和田春樹『日露戦争――起源と開戦』上・下、岩波書店、二〇〇九年

コラム

アジア太平洋世界における労働力移動と日本近代の対外認識

十九世紀末の海獣猟と朝鮮海出漁をめぐる議論から

中川　未来

ヒトの移動から対外認識の成り立ちを考える

このコラムでは、国際秩序や政治外交そのものとは少し異なる視点——対外認識が社会の中で形づくられる過程から、日本列島社会と近代世界の関係を考えたいと思います。具体的には、十九世紀末の列島社会における遠洋漁業、とりわけ海獣猟と朝鮮海出漁をめぐる議論の場で立ちあがった対外認識やナショナリズムの形を確認します。

対外認識と、自己認識としてのナショナリズムとは、いわば合わせ鏡の関係にあります。対外認識を歴史的に検証する場合、その形は認識主体を取りまく世界で生起した事実と必ずしも照応しない点に留意する必要があります。それは、さまざまな経路を通じて摂取された情報が、「かくありたい」という自己像のフィルターを介することで形成されます。当然そこには、媒体たるメディアそのものの見方も影響します。

そのため史料を読解するにあたっては、⑴いかなる社会経済また政治的背景のもとで、⑵外の世界の情報がどのように伝わり、⑶主体はいかなる関心のもとにそれを受容し、また対外認識を形成また発信するのか、という三点を念頭におくことが重要となります。

オットセイ猟の労働力はどこから供給されたのか

東アジアが近代世界に包摂された十九世紀後半は、「大量移民の時代」の始期でもありました。汽船や鉄道、郵便や電信といったコミュニケーション手段の飛躍的発達が、アジア太平洋世界を環流するヒトの移動を促進します。遠洋漁業のように日本列島沿岸を離れた海域への進出を試みる際には経験豊かな労働力、そして操業方法や機材に関する具体的な知識や情報が必要となります。まず海獣猟の場合、どこから労働力や情報が供給されたのかを確認しましょう。

十九世紀末の北太平洋において、海獣漁のおもな対象は鯨からラッコやオットセイへと大きく転換しました。北米大陸での原油採掘の開始にともない、世界商品としての鯨油価格は一八六〇年代以降下落し、北太平洋で操業していた欧米の捕鯨業者の一部は一八七〇年代には北太平洋、オホーツク海、ベーリング海でのラッコ猟へと転向します。さらに一八八〇年代に乱獲でラッコの生息数が減少すると海獣猟の中心はオットセイ猟に遷移し、その操業海域となった日本列島近海にはイギリスやアメリカ、ロシアの猟船が蝟集しました。

これら外国猟船は小笠原を含む太平洋の島々の住民、また日本列島や中国大陸から北米に渡った移民を労働力としていました。『伊藤博文文書』に収録された、北海道の厚岸《あっけし》に入港した外国猟船の調

オットセイ猟船の写真

〔出典〕下啓助『明治大正水産回顧録』東京水産新聞社、1932 年。

THE SCHOONER C. G. WHITE, SAID TO BE LOST.
[Sketched just before her departure from this port by Coulter.]

アメリカのオットセイ猟船　C.G.White の図

〔出典〕The San Francisco Call, May 9, 1895

査報告によると、一八九三年二月にサンフランシスコを発った米国船ホワイトの乗組員二一人中、一三人は日本人、一人は中国人でした。一三人の出身地は青森から鹿児島にまたがりますが、彼らはみなサンフランシスコで雇用されています。オットセイ猟はアジア太平洋世界での政治的境域を越えた労働力の移動、つまり近代世界の特徴をまさに体現する営みだったのです。

移民社会のメディアとパブリシティ

列島近海における海獣猟の活性化はすでに一八八〇年代から知られていましたが、社会的な問題として広く議論されるようになったのは九〇年代です。契機の一つとなったのは、サンフランシスコに形成された日本人移民社会で刊行された『遠征』や『愛国』『第十九世紀新聞』など日本語紙からの情報発信であったと思われます。

たとえば、『日本帝国統計年鑑』で一八九三年に北米大陸を目的地として発給された旅券数を確認すると、アメリカ一九七八人(女性一二四人)、カナダ一〇八二人(女性二八人)、統計上別立てとなっているバンクーバーは五三人(女性六人)となっています。目的で圧倒的に多いのは「出稼」です。日本語紙は、彼ら・彼女らが形成した社会のコミュニティペーパーとして機能すると同時に、移民社会が母国の新聞・雑誌、さらには政党や議会に自らの利害に関わる情報を提供し、輿論形成や政策決定への影響力行使を狙うというパブリシティ機能を有していました。これは同時期に朝鮮の日本人居留地で刊行された日本語紙『朝鮮新報』などでも同様です。

サンフランシスコの日本語紙は、一八九二年半ばから同地出港の猟船に関する情報やオットセイ猟の方法を積極的に掲載しています。その報道は、「日本の富」が「密猟船」に奪われているという水産資源ナショナリズムを基調としていました。オットセイ猟の多くは、当時公海とみなされていた海域でおこなわれていたので、「密猟船」という表象は必ずしも実態を反映していませんが、水産資源ナショナリズムの言説として非常に効果的であったのは確かです。

しかし、これら日本語紙の発行部数はきわめて少数でした。はたしてパブリシティ機能は期待できるのでしょうか。ここにはメディアによる情報の中継・増幅機能、つまり他紙誌による記事転載や引用が関わってきます。一例をあげれば、一八九三年一月六日付『第十九世紀新聞』の報道は同年三月三〇日に発行された北海道の水産業界誌『北水協会報告』に転載されています。移民社会の発信情報は、記事引用や転載を介して広く流通したのです。

「密猟船」問題は社会で何を生み出したのか

また議会政治の開始により、移民社会発の情報は政治資源としても活用されます。一八九二年にサンフランシスコを視察した加藤勝弥《かつや》(新潟県選出代議士、自由党)は、同地在住の知識青年が結成した日本人有志愛国同盟や遠征社と交流し、そこで得た非常に具体的な情報を駆使して第四議会衆議院において「密猟船」問題に対する政府の反応の鈍さを糾します。

一八九三年になると横浜に入港した外国猟船による労働者のリクルートが話題となり、さらに房総半島沖で座礁した猟船で日本人労働者の搭乗が発覚すると、「密猟船」の活動は広く社会の耳目を集めるセンセーショナルな問題に発展していきました。

これに着目したのが、政界・言論界で第二次伊藤博文内閣に批判的な勢力を「対外硬」という表象のもとで結集させようとしていた対外硬派と呼ばれたグループです。その代表者の一人である陸《くが》羯南《かつなん》は、主宰する新聞『日本』で政府の軟弱な外交姿勢を暴くキャンペーンを展開し、その一環として「密猟船」問題を大々的にとりあげました。対外硬派のメディアは、朝鮮問題においても日本人移民社会の利益を擁護し、朝鮮政府に対して軟弱と見なされた伊藤内閣の姿勢を強く批判しています。「密猟船」問題で喚起された水産資源ナショナリズムは、日清開戦直前の対外硬運動の中で政治的に利用されていくのです。

「密猟船」が問題化する中で、領海に関する議論も活発となります。日本人の外国猟船への乗り組みについて、外務大臣陸奥《むつ》宗光《むねみつ》は閣議で次のように述べています。日米通商条約を始めとする各国との条約では、日本人が締盟各国の船で諸般の職業に就くことが保証されており、乗り組み禁止は条約上の既得権たる就業権を放棄することになりかねない。また領内操業の可能性という予断から乗り組みを差し止めることも困難である。陸奥はこのように法的限界の存在を指摘したうえで、海軍力を用いた「密猟」問題への対応を可能とするためにも、まずは「我カ領海ノ区域ヲ確定」することが必要だと訴えています。

おりしも一八九三年十一月に愛媛県の松山沖で発生した英国船ラベンナ(P&O社)と軍艦千島の衝突事件で論点となったのも領海でした。瀬戸内海を領海として裁判の管轄権を主張した日本政府と、事故現場は公海であるとしたP&O社の主張が対立し、上海の英国控訴院は後者を認めます。領海や主権の及ぶ海域について国際的な合意はいまだ確立しておらず、領海については沿岸より三海里(五・五五六メートル)とする学説が有力でした。

領域概念はナショナリズムの構成要素です。陸羯南は「領海権の把握と失墜」は「国の独立」に直結すると強く反発しました。「密猟船」問題や千島艦事件は、国家学会や東邦協会といった学術団体で領海問題そして国際法をめぐる問題が検討される契機となりました。

隣接する他国の水産資源は誰のものなのか

重要なのは、「密猟船」問題で醸成された水産資源ナショナリズムが、朝鮮の水産資源を確保せよとの主張を導いたことです。大日本水産会を率いた村田保《たもつ》は、朝鮮海漁業協議会(一八九四年九月)で、「密猟船」侵入への対抗手段の一つとして朝鮮沿海への出漁を呼びかけました。各県の漁業関係者を組織した水産集談会(九五年五月)でも、取った者勝ちの世界ならば日本人も、と朝鮮海出漁を促す意見がみられます。日清戦争後には西日本を中心とする各地から朝鮮沿海への組織的出漁が進み、乱獲や朝鮮人漁業者との暴力を伴う摩擦が問題化しました。これもアジア太平洋世界における労働力移動がもたらした事象です。

村田保は、オットセイに限らず「日本国に属しておるものは日本人で捕らねばならぬ」と主張し、海獣猟と朝鮮海出漁を大日本水産会が主導する遠洋漁業振興の二本柱に据えました。しかし村田の論理に従うならば、「朝鮮国の水産資源は朝鮮人が捕るべきもの」となるはずです。日清戦前の村田は小国意識に基づき海洋進出を論じていました。しかし戦勝にともない、日本列島から朝鮮半島への経済進出と労働力移動が加速する中で、他者の意識や利害への配慮を欠いた偏狭な自己意識が拡大していったのです。

ただし、このような議論からその後の日朝関係を単線的に導くことはできません。村田と同じく大日本水産会の幹部で農商務省技師の下啓助《しもけいすけ》は、これも同じく朝鮮海漁業協議会の場で、朝鮮人漁業者への暴行を「両国ノ交際上」から諫め、乱獲についても漁業資源が枯渇するならば「朝鮮国ノ損害」ひいては「日本ノ不利益」になると批判しています。あくまで国家的利益が前提となっている議論なのですが、しかし自身のナショナルな立場性や被拘束性をよく自覚していたからこそ、下啓助の視線は他者の意識や利害にも及んでいるのです。学ぶべき冷静な見方だと思います。

過去は、振りかえり見ることのできる未来です。アジア太平洋世界における労働力移動を背景に、列島社会で形成された対外認識やナショナリズムの形を探ることは、グローバル化の進む現代に生きる私たちが、何に囚われているのかを改めて考える際の糸口になるでしょう。歴史を学ぶことで開かれる可能性は、このような点にもあるといえます。

参考文献

石原俊『〈群島〉の歴史社会学――小笠原諸島・硫黄島、日本・アメリカ、そして太平洋世界』弘文堂、二〇一三年
塩出浩之『越境者の政治史――アジア太平洋における日本人の移民と植民』名古屋大学出版会、二〇一五年
高橋亮一『北方海域をめぐる国際政治史――明治期日本の海獣猟業』日本経済評論社、二〇二四年
中川未来『明治日本の国粋主義思想とアジア』吉川弘文館、二〇一六年

東アジア諸国と近代世界　座談会

青山　治世（亜細亜大学国際関係学部准教授）
渡辺　美季（東京大学大学院総合文化研究科教授）
森　万佑子（東京女子大学現代教養学部准教授）
藤本　和哉（筑波大学附属高等学校教諭）
山川　志保（お茶の水女子大学附属高等学校教諭）

藤本　本日は先生方、「東アジア諸国と近代世界」をテーマにした大変興味深い話をどうもありがとうございました。講演でまだふれられていなかった点、もしくは強調されたい点がありましたら、おうかがいできればと存じます。

現代中国の「中華世界秩序論」

青山　講演の最後にお話しした現在の中国の国際秩序への向き合い方についてもう少し加えて申し上げたいと思います。もともと中国を中心とした冊封や朝貢といった世界秩序がどういったものだったのか、そしてそれが西洋近代の国際秩序と向きあう中で、どのように変容したのかというお話をしましたが、冊封・朝貢による世界秩序に対する現代中国での再評価や、そうしたものを形を変えて活用していこうという流れを現在みることができます。もともと第二次世界大戦後にアメリカの学界を中心に「中華世界秩序論」というものが出てきて、社会主義国家の中華人民共和国ではあまりそうした封建的なものを積極的にとりあげることはなかったのですが、今世紀に入って、この二〇年ぐらいで、中国を中心としたかつての世界秩序というものが、平和的で、周辺国ともウィン・ウィンの関係をきずいていたのではないか、そうした意味では再評価すべきではないかというような議論が結構出てきています。

中国が現在大国化する中で、中国を中心に開く国際的なイベントとか、各国の要人が中国へくるようなことを、渡辺先生の講演にもあった「万国来朝」という言葉で表現することが稀にあります。今回お話しした近代に入る以前の中国や東アジアの世界秩序のあり方と、現代中国のあり方とをどのようにつなげて考えるべきなのかということを考えるきっかけに今日の講演がなればよいと考えています。

座談会(左から森・青山・渡辺・藤本・山川先生)

現在の韓国社会も歴史的に見る目が必要

藤本　どうもありがとうございます。森先生はいかがでしょうか。

森　いま、韓国に対する関心が、とくに若者の間で高いことに照らして、少し補足をさせていただきます。大きく二つあるのですが、一つ目が上下関係や敬語の重要性といった、日本社会では近年あまり意識されなくなった礼儀の問題です。朝鮮半島は長い間中華秩序に属してきて、中華秩序は儀礼を前提としていました。儀礼というのは上下関係があってはじめて成り立つものであって、当時は中国の皇帝が絶対的な上位にあり、朝鮮は「東方礼儀の国」と自称したほど、臣下の礼を重んじました。そうした歴史からいまの韓国社会を見ると、韓国社会で上下関係を前提とした敬語が依然として、重視されていることが理解できます。おそらく、K－POPアイドルたちも、グループ内で少しでも歳が上の人に対しては敬語を使ったり、あるいはお姉さん、お兄さんという呼称で呼んだりしていることをみなさんも御存じなのではないかと思います。

ですのでわれわれ日本社会、あるいは日本の文化に馴染んだ人からすると、対等でフランクに話したほうがより親しめるのではないかと勘違いする場面が多いのですが、韓国の文化としてはやはり明確な上下の秩序があるからこそ社会が円滑に動く面があるということが、歴史的な文脈からみてもわかります。

もう一点は今日の講演でも強調しました日韓関係の問題で、とりわけ韓国で使われる親日派という言葉についてです。漢字では「日本に親しむ」と書くわけですけれども、親日派というのはすなわち売国奴《ばいこくど》という意味で韓国では使われます。学生たちはよく「日本のことが好きな人」というふうに勘違いして使うので、注意しなくてはいけません。第二次日韓協約にサインをした大韓帝国の五人の大臣たちが親日派と呼ばれるのはそのためです。

その親日派というのが、いまの韓国社会をみる上でも非常に重要なバロメーターになっています。韓国は大統領制で、国民が直接投票して大統領を選ぶので、政治に対する関心が非常に高いのはよく知られていることかと思います。選挙で野党と与党が対立するときにも親日派という言葉がよく使われます。ほかにも、二〇二三年三月に尹錫悦《ユンソンニョル》大統領が元徴用工の問題で第三者弁済案を決めて訪日すると、韓国国内では親日屈辱外交という表現で批判されたりもしました。

過去の歴史の問題が歴史の出来事ですむのではなくて、現在の韓国社会を形づくる重要な要素として歴史が活きている部分があるのです。そのため韓国に興味がある学生、あるいは韓国に行ってみたいという人たちは、今の韓国社会をより深く理解できるようになるので、歴史

森先生

にもぜひ興味をもってもらえればと思います。

不平等条約という表現

山川　青山先生、講演の中でもいわゆる不平等条約という点についてふれられていたと思うんですが、中高の教科書では当初からアヘン戦争の講和条約である南京条約（とその追加条約である虎門寨追加条約）は不平等条約だったというふうに結構断定的に書かれていますが、そういった点についてどう思われますか。

青山　抽象的な話になるかもしれませんが、後から出てきた論理や考え方で、はじめからそうであったとか、そう考えられていたと誤解されるような書き方になっているとすれば、そこはちょっと問題があります。それでは歴史をありのまま伝えていないことになるからです。われわれは後から出てきた言説やイメージ、あるいはいまのわれわれに近い姿、イメージというものが当初からあったかのようにとらえがちです。しかし、遡ってそれぞれの時期を個別にみていくと、いろいろなとらえ方が実際にはあった。金太郎飴にたとえるなら、金太郎飴はどこを切っても同じ顔のはずですね。われわれは最後の断面だけみているから、その前の部分を切ってみてもいないのに、同じ顔をしているはずだと思い込んでしまうわけです。でも実際、歴史はそうでない場合が多く、それ以前の部分を切ってみると、同じ顔をしているかもしれないし、違った顔が出てくるかもしれません。あちこち切ってみたらそれぞれの時期でいろいろな顔をしていることもある。もともとどんな顔をしていて、それがどんなきっかけや環境の変化で別の顔に変わっていくのか。それをみていくことが歴史を知ることではないかと思っています。

山川　ありがとうございます。同じような質問を森先生にもさせていただきたいんですが、日朝修好条規もやはり不平等条約というふうに当初から書かれている、そういうふうなイメージに受けとられるような感じで教科書にあるという点はいかがでしょうか。また、朝鮮ではいつ頃からこうしたいわゆる日朝修好条規を不平等だというふうに感じるようになったのかということもご説明いただければと思います。

森　先ほど申し上げたように、朝鮮は上下関係があるのが正常な関係という価値観で動いていましたので、不平等が正常な関係でした。他方で、近代条約体制でいうところの「不平等条約」という表現には、否定的な評価があり、平等な条約に改正するのが望ましいという含意があります。そのため、朝鮮側が従来からもっていた不平等認識とは異なり、朝鮮が近代的な「不平等」概念をいつ、どのように認識するようになったのかを調べることは非常に難しいです。

朝鮮政府は、日朝修好条規締結から三年後には、開港場や米穀輸出、無関税貿易について問題を感じ、日本側に交渉を求めています。ただそれは、経済面での不利益に重点がおかれ、近代国家の一員として「不平等条約」を改正したいといった認識はみられません。朝鮮では三・一独立運動期までは日朝修好条規を屈辱的な「不平等条約」とする認識は一般的ではなかったと、先行研究で指摘されています。むしろ朝鮮の政治家・知識人のなかには、日朝修好条規第一款に規定された朝鮮の「自主」や日本との「平等」性を重視し、変質する宗属関係を批判する根拠とした人もいたほどでした。

このような内容全てを教科書で伝えることは難しいかもしれませんが、中華世界と近代条約体制での「不平等」認識の違いを考えさせることはできると思います。

西洋の中国的秩序の受け入れ方と、当時の中国の近代文明のとらえ方

藤本　青山先生、今日お話のあった東アジアの独特な秩序というものを、そこにやってきた欧米諸国はなかなか理解できないんでしょうか。欧米諸国はそれをどのようなものとして受けとめていたのでしょうか。

もう一方で、欧米が押しつけてくる秩序というものがきっとあったはずで、そういう中で中国側が自分たちの伝統的な文明だとか、伝統的な秩序とか体制とか、そういったのがだんだん押しつけられることによって自分たちの伝統的なものが変わってきてしまうことがあったと思われるわけです。そういったものに対する何か葛藤のようなものはなかったのでしょうか。

青山　一点目につきましては「欧米諸国が」ということなので、むしろ西洋史の観点も必要になるかと思いますが、このシリーズの『国際平和を歴史的に考える』の講演者でもあった岡本隆司先生の研

究（『属国と自主のあいだ——近代清韓関係と東アジアの命運』名古屋大学出版会、二〇〇四年）も参照しながら少しお答えします。日清戦争以前の清と朝鮮との関係、まさに森先生の今日の講演の内容にもあったとおりですが、朝貢・冊封の関係、あるいは属国であって自主であるという、そういう論理（いわゆる「属国自主」）について欧米諸国はなかなか理解するのが難しい。よく理解できない中でなんとか対応しようと苦慮していた姿が見てとれます。

清や中国がいっている秩序や論理をはじめから頭ごなしに、そんなのはおかしいと否定するような態度ではなかったわけです。アメリカ、イギリス、ロシアなど、それぞれの態度・対応は異なっていました。たとえばイギリスは、対露戦略の必要から、朝鮮の清に対する「属国姿勢」をむしろ実質化させていったほうがイギリスにとって有利ではないかととらえ、そのように動くこともありました。またロシアは、逆にそれでは困るというので、それを阻止するために朝鮮の「自主」のほうが現状なんだから、そちらを維持しようと動いたりしました。

清自身もそうした状況をうまく利用し、朝鮮の「自主」が強くなりすぎないようにおさえながらも、直接支配や軍事力の行使などについては自制的・抑制的な部分もありました。こうしたイギリスやロシア、そして清、とくに清の中でも朝鮮政策を担った李鴻章《りこうしょう》のそうした態度が、一八九四年の甲午《こうご》農民戦争（東学党《とうがくとう》の乱）が起こるまで、日本もふくめた朝鮮半島をめぐる各国の均衡状態をむしろ保ったということもいわれています。

二つ目については、今日おもにお話しした「秩序」の話からはあえて離れて、とくに西洋近代の機械文明というものに中国がどう向きあったかということを例にしてお話ししたいと思います。

日本は明治の初め頃に鉄道をつくり始めて、明治三〇年代にかけて、あっという間に全国に鉄道網を張りめぐらせました。一方、中国はといいますと、最初につくった鉄道は日本の新橋・横浜間と時期はそれほど変わらず、その四年後の一八七六年に上海と呉淞《ウースン》というところを結ぶ鉄道ができます。しかし、その後は日本のように全国規模の鉄道建設は、日清戦争以前は進みませんでした。

近代的な機械工場も日本にくらべると、やはり進まなかったのですが、それはたんに中国の人々が迷信的であったり、保守的であったというだけでなく、当時の中国の知識人なりの葛藤や洞察があって、そのようなことになっていたということがあります。

一八七〇年代後半から中国は欧米や日本に外交使節を派遣するようになり、欧米などをみる機会がふえるわけですが、実際に欧米をみて、やはり機械を用い、工場などもつくり財をふやして民を養うべきだ、という意見ももちろん出されました。ただ一方で、鉄道については、中国社会のいろいろな現状を考えると、実行するのが難しいという意見のほかに、それを敷設することによるマイナス面、有害な面のほうがむしろ強いという意見も出されました。たんに迷信的な話ではなく、論理的に鉄道反対論を打ち出す官僚も現れます。

たとえば、最初にイギリスに行った常駐使節の正使《せいし》だった郭嵩燾《かくすうとう》という人は、機械文明をとりいれてもいいのではないかという考えでしたが、副使の劉錫鴻《りゅうしゃくこう》は否定的で、実際にヨーロッパをみてきた上であえて鉄道反対論をとなえました。

劉錫鴻が現地のイギリスで、ちょうどイギリスにきていた井上馨《かおる》と会談する場面が史料に残っています。井上は、中国は資源がいっぱいあるのに、これをそのまますておくのはもったいないじゃないか、これをどんどん開発して、西洋のやり方にならって中国も改革していったらどうだというのですが、それに対して劉は、金や銀や石炭、鉄鋼などを開発することは確かに利もあるけれども、害も大きいととなえます。そのまま押し進めると、内乱が生じかねないということもふくめて、ただ利益があるからおこなってよいというわけではない、と井上に反論しています。

その後、またイギリスへ公使として赴任した曽紀沢《そうきたく》（曽国藩の子）という人の日記などを読んでいると、一三〇年後の現在をみていたのではないかと思えるような議論も語られています。たとえば地球上の資源はそもそも有限で、全世界がさかんにそれを消費するにはとうてい足りない……ということを、すでに彼らは考えていました。十九世紀

青山先生

後半に西洋の近代機械文明に直面した東アジアの人々が、その時代だけみて近代化の成否を考えていたのではなく、長期的、将来的な想像力を当時の彼らももちながら、いろいろな考えや葛藤を抱えてやっていたということを知ること自体、現代を生きるわれわれに、「文明」への向きあい方について考える示唆を与えてくれるのではないかと思います。

藤本　どうもありがとうございます。なるほど。

中国・日本への琉球の人々の見方・感じ方

山川　渡辺先生、琉球はその両属関係にある中で琉球の人たちが日本とか清に、感覚とか感情とか文化的な側面などで、たとえば親近感もしくはその逆の感情のようなものをもっていたのでしょうか。もし何か具体的な事例があれば教えてください。

渡辺　親近感というもののはやや説明しにくいのですが、中国と日本のどちらにより近いかといえば、言葉も文化も日本のほうが近いです。たとえば『伊勢物語』を読んだり、和歌を詠み、狂言を演じるなど、琉球では日本のさまざまな文芸が愛好されていました。一方で儒教や漢詩、中国風の書(書道)などを中国(清)から学んで、研鑽していくという側面もあって、親近感というよりはむしろ双方の「よいとこどり」をするような、そんな状況がありました。二つの国に従うということは、どちらにも染まりきらない、ということでもあります。日本と中国、どちらかの文化を絶対視するのではなく、両者のよいところを選択的にとりいれ、自分たちがもともともっている文化も活かして、中国とも日本とも違う、「琉球独自の文化」と呼びうるものを発展させていく、そうした傾向が「両属」の時代にはとても強くありました。

また中国と日本に「従う」ことに対する琉球の見方は、それぞれ異なっていたようです。中国については単純に琉球の上位の存在ととらえていたのに対し、日本に対しては対抗意識のようなものが若干みられるんですね。琉球の政府である首里王府が十八世紀中頃に編纂した『球陽』という歴史書には、次のような記事があります。——一六〇九年の島津氏の侵攻以前に琉球に移住した越前出身の男性がいまして、彼は国王につかえていたので島津軍が攻めてくると首里城を守って戦うんですが、島津軍に捕らえられて、「おまえは日本人なのにどうして本懐を忘れて我が国と戦うのだ」と詰問されてしまいます。そのとき彼は、「自分は国王の仁政を慕ってここに来た。ずっと国王の恩義をいただいてきたので、ここで死ぬことになっても決して恨むことはない」と答えるんですね。つまり日本人ですら日本ではなくて琉球を選ぶくらい、琉球国王は仁に厚い、儒教的に徳の高い人物なのだというストーリーになっている。『球陽』は琉球が国家として儒教の導入を進める中で編纂されたのですが、このストーリーからは、琉球は現実の力関係では日本に敗北したけれども、儒教のレベルでは日本に優越していることを示そうとする政治的意図が伝わってきます。このように日本に対抗するような形で自らの国家意識を高めようとする動きは、中国に対してはまったく見られません。中国へは自発的に朝貢を開始したのに対し、日本には武力で強制的に従わされたということが大きかったのではないかと思います。

そのほかにも琉球には、江戸へ派遣する使者などに中国で直に学んだ漢詩や書の「腕前」を披露させることで、日本における琉球の評価を向上させようとする政治的姿勢がありました。中国との関係を活用して「国の名」をあげようとしたのですね。選択の余地なく「両属」という状況に置かれた琉球でしたが、この状況を何とか「国を誇る」方向に結びつけようと政治的な工夫をこらしていたといえます。

琉球の中継貿易と明のサポート

藤本　渡辺先生、琉球はなぜ海上貿易の主役になれたのかという話で明の海禁が背景にあったということでしたが、それにしても何か唐突な感じがして、琉球側の何か準備段階の交易活動がどの程度あったのか、具体的にうかがえますか。

渡辺　明が琉球に朝貢を求め、琉球がこれに応じたのが一三七二年ですが、当初の朝貢品は琉球の馬や硫黄だけでした。それが一三九〇年

渡辺先生

になると東南アジアの産物である胡椒と蘇木も朝貢するようになり、またその一年前には琉球国王が高麗国王に胡椒と蘇木を贈っています。こうしたことから琉球は一三八〇年代の終わり頃には、明・朝鮮・東南アジアを結ぶ中継貿易を始めていたと考えられます。明への朝貢開始からたった二〇年弱という早さですから、確かに唐突といえば唐突かもしれません。どうして琉球はこのタイミングで、中継貿易を始めることができたのでしょうか。

じつは琉球は当初、自力で明へ使節を派遣することができず、明から使者が来るとその船に便乗して朝貢していました。ところが一三八五年に明が大型の海船を無償で提供してくれるんですね。もちろん船だけもらっても動かせませんから、操縦スタッフなどの人材も船とセットで派遣されたはずです。この船とスタッフが広範な貿易活動を可能にし、またそこに以前から琉球に居留していた華人たちが加わることで、中継貿易がスタートしたものと考えられます。講義では琉球が海の主役となった背景として、海禁により活動を押さえ込まれた華人たちの存在を強調しましたが、それだけではなく明のサポートも大きな起爆剤だったのです。

「自主」と「独立」

山川　森先生の御講演では、キーワードとして「独立」というのがかなり貫かれていたと思いますが、一方で「自主」という概念も出てきていましたが、朝鮮にとってこの自主というのが、つまるところ何なのでしょうか。また、この自主によって守りたかったもの、維持したかったものは一体何だったのでしょうか。

森　これは研究者によってもいろいろな見方があると思いますが、あくまでも私の考えとしては、やはり自主というのは独立という表現が中華秩序に基づく中国との関係の手前、使えないから自主になったと考えます。つまり、中国との関係を維持するために、独立ではなく自主を用いたということです。中華を守ることは、儒教を重んじる朝鮮のプライドでもありました。

今日の講演の中でも申し上げたとおり、日朝修好条規のときには自主で、それが日清戦争の過程で中国の影響力が後退する甲午改革のときには自主独立になっていくわけです。日清戦争後は、清からの独立を強調する独立門も建てられます。これは宗主国である中国と朝鮮の宗属関係が厳然として存在する前では独立という表現は使えなかったことの証左です。独立という用語は、それほど非常に敏感な用語だったわけです。ただ、日本は中華世界からかなり自由だったので、独立という用語が抵抗感なく使えました。しかし朝鮮は違って、甲申《こうしん》政変をおこなったような一部の知識人は、日本の明治維新を学んで独立ということをとなえたわけですけれども、やはり朝鮮の政府レベルではそれは使えないというか、使わない立場をとったわけです。

一方、清朝が日清戦争で負けた後はどうなるかというと、朝鮮でも独立という用語がかなり前面に出てくるわけです。一九世紀初めの日本の支配に反対する運動は独立運動であり、それは自主運動ではないわけです。抗日自主運動という用語はなくて、抗日独立運動、抗日独立闘争になるわけですから、やはり独立というものを朝鮮人は希求していたといえます。歴史的な制約や文化的価値観によって日清戦争より前には、朝鮮では独立という用語が避けられていたのです。そうした制約といいますか、秩序感の中に朝鮮が置かれていたということを、まず知ることが大事だと思います。

山川　ありがとうございます。

東アジアにとって「近代」とはどのような時代だったか

藤本　先生方皆さんに共通してうかがいたい質問があります。今日のテーマが「東アジア諸国と近代世界」でしたが、東アジアにとって近代とはどのような時代だったかをうかがえますでしょうか。

青山　月並みな答えになるかもしれませんが、西洋近代の到来にどう対応するかということを模索し続けた時代だったのではないかと思います。そして、それはたんに「西洋」対「東アジア」というだけではなく、西洋近代の影響を受けた東アジアの諸国・諸地域で、それぞれ異なった反応があったわけです。

それぞれが異なった変化を起こして、それがアジア諸国同士でさまざまな影響をしあって、そしてアジア諸国同士が今度は摩擦や対立を起こし、日本と朝鮮のように支配と被支配のような関係性も生み出していくことになる。そういった時代が「東アジアの近代」の一側面であったのだろうと思っています。

ただその一方で、欧米の文献が中国で漢文書籍として翻訳・出版され、それが日本で流通したり、あるいは西洋の言葉や概念が日本で翻訳・造語され、そうした和製漢語が中国で受容されるといった相互作用も起きました。つまり和製漢語は、東アジア諸国が西洋文明や西洋の国際秩序を受容し、あるいはそれを活用していくための一種の触媒のようなものだったともいえます。東アジアの諸国がそのように連鎖や相互作用をしていきながら西洋近代に対応していったというのも、「東アジアの近代」の一つの姿としてもう少し強調してもいいのかなというように思います。

渡辺　琉球にとっての近代は、王国が滅亡して日本の一部になることでした。沖縄の近代化は、イコール日本への同化なんですね。先ほどもお話ししたように、琉球は「両属」であったからこそ、日本と中国のどちらかに完全に吸収されることなく「自分」を保つことができました。そこには少なくとも中国と日本という二つのポケットがあって、それらを常に比較することができたわけです。ところが「日本」になったことで中国との朝貢関係を失い、日本が絶対的な存在になると、選択肢やモノサシはすべて日本に収斂されてしまいます。「日本も中国もある」から「日本しかない／日本でなければいけない」となってしまったこと、それが琉球・沖縄の近代化における最大の転換だったのではないでしょうか。

森　朝鮮にとっての近代は、中国との二国間関係だけが主軸だった中華世界の時代から、条約に基づく日本やロシア、アメリカなどとの関係が加わるようになり、マルチ外交も始まるなど、国際関係がダイナミックに動き始める時代だと思います。

近代において朝鮮・大韓帝国は小国だったので、独自の外交を展開しようとはしますが、結局は大国の政治外交に翻弄されてしまいました。最初は、清による宗属関係の強化・近代化によって宗属関係が変質し、次は日本による保護国化・植民地支配によって自国の統治権を失ってしまいます。そして、日本の植民地支配からの解放後(戦後)には、アメリカとソ連の影響力のもとで韓国と北朝鮮という二つの国家に分かれて独立し、冷戦構造の下では朝鮮戦争も起きました。結局、国際関係のダイナミズムに呑み込まれながら、朝鮮半島の人々は一つの独立国家の形成を希求したままいまにいたります。そのため、東アジアにとっての近代の様々なツケを、韓国と北朝鮮はいまもなお払わされているともいえます。

そしてその動きがまさに現代にまで続いています。K－POPに興味をもつ若者が多くいますが、なぜいまK－POPが人気なのでしょうか。どういう背景でK－POPが人気になるような政策や戦略が立てられたのでしょうか。そのときの大統領は誰だったのか、その大統領は何と闘ってきたのかなどと、どんどん「問い」を立てて遡っていくと、やはり近代という時代に向き合わざるをえなくなります。韓国の近代、あるいは北朝鮮の近代もそうだと思いますし、日韓関係はいわずもがなだと思います。近代が現代を形づくっているので、近代を知ることでいまをより深く理解できます。ですので朝鮮半島を中心に近代を考えると、近代とは現代に続く非常に重要な時代であったということがいえるのではないかと思います。

藤本　先生方、どうもありがとうございました。

歴史を学ぶとはどういうことか

山川　最後になりますけれども、先生方にとって歴史を学ぶというのはどういうことだと思いますか。お一人ずつ、うかがわせてください。

森　私にとって歴史を学ぶということは、いまを知ることにつながることだと思います。というのも私は、歴史学ではなく、地域研究を専門としてきました。歴史学は、対象とする時代の史料を探して、解読・分析することで史実を構築します。他方、地域研究は、対象とする地域の言語を習得して、現地に滞在して、その地域特有の文化や社会、政治・経済、そして人々のものの考え方をありのままに把握することをめざす学問です。そのため、私は歴史学で得られる過去の史実と、地域研究の観点から把握する韓国の現在の状況、つまり「いま」とを、絶えず往復させる視点をもって研究してきました。

もちろん、近代朝鮮の政治といまの韓国や北朝鮮の政治とを単純につなげて理解することはできません。しかし、たとえば、韓国で政権がかわると、日本人は対日政策が変化してゴールポストを動かされるなどと、いまの韓国だけをみて、日本人がもつ「常識」から、韓国の政治や国民のことを理解しようとしますが、韓国社会の論理からみれば、政権がかわると対日政策が変わるほど、日本に対する多様な意見があるといえるのです。その日本に対する意見の多様性の根底には、一九〇五年の第二次日韓協約の無効論や、日本による植民地支配の「清算」「謝罪」が不十分だという主張に対する立ち位置の違いが通底してあります。さらに外交政策には、ほかにも北朝鮮との関係をどうするかといった課題もありますし、アメリカや中国との関係も重要な問題になるので、複雑にならざるを得ないのです。

こうした「いま」の韓国の政治外交の状況は、まさに朝鮮・大韓帝国の政治外交が大国の動向に翻弄された近代を彷彿とさせる面もあります。他方、なぜ、韓国では、いまになって日本の植民地支配に対してたくさんの批判的な主張が出るのかと考えてみると、解放後(戦後)は大国の国際関係に翻弄されながら、どのような独立国家を形成するかをめぐってさまざまな意見が噴出し対日批判を体系化できるような状況ではなかった歴史や、南北対立の激化によって独裁体制下にありに言論の自由が制限されていた歴史などが浮かび上がります。

このように、いま起こっている問題や身近な生活から派生する疑問に関心をもつにあたっても、やはり歴史の知識があると非常に有用です。とくに、東アジアの近代のツケをいまも払わされている韓国・北朝鮮に関しては、歴史を学ぶことで、いまをより深く理解することができるのです。

渡辺　私たちは「いま」に完全に浸っているわけですけれど、そこを相対化できるというのが大きなメリットなのではないかと思います。歴史をもちこむことで、自分の体験してきた二年前や一〇年前と比較するだけでなく、一〇〇年前や二〇〇年前とも比べながら、いまを考えることができます。そういう形で、いまはこれが当たり前だと思っていたけれど、必ずしもそうではないんだなとか、別の選択肢もあるのではないか、ということに気づく、それはいまを生きる上でとても重要なことだと思うんですね。

大学で琉球史の授業をすると、しばしば「清や徳川幕府はどうして琉球を併合しなかったのか」という質問が出ます。現在の主権国家にとって領域／領土の重要性は自明のことですから、その前提で考えると、清や幕府が自らに従う小国を自国の領土の一部にしなかったことが不思議に思えてしまうのでしょう。けれども講義でもお話ししましたように、前近代の東アジアでは、琉球の「領土」としての価値は必ずしも意識されていませんでした。島津氏が琉球を侵攻したのは「日本の一部」にするためではなかったですし——その発想もありませんでした——、ペリーがやって来たことで琉球を「とられてしまう」ことに危機感を抱いた幕府ですら、日清「両属」以外の選択肢を思いつくことはなかったのです。そんな当時の人々からしたら、いま、どうして領土をそこまで重視するのか理解できないかもしれません。

歴史の中には、いまとは異なるさまざまな現象があり、それを知ることで、自分がいまを無意識に前提としていることに気づかされます。それを自覚できれば、たとえば現在の領土や国境の問題なども、もう少しクールダウンして考えることができるのではないでしょうか。

青山　「歴史を学ぶとは」ということですが、シリーズ全体のテーマでもある「いまを知る、現代を考える」ということにどう向きあっていくべきなのかということについて、私の考えているところを少しお話したいと思います。現在約二〇〇ぐらい国がありますが、近代の歴史、あるいは近代以前の歴史をみる際に、現在ある「国」別に分けて考えすぎているのではないかと感じることがよくあります。

先ほど国境の話もありましたが、現在の領土や国境で分けて、たとえば「中国」はこういう特徴で……、国民性で……というようなことが比較的簡単にいわれがちです。しかし、現在の領土や国境で分けてその特徴や類型などを考える前に、少し立ち止まって、本当にそれでいいのかと考えてみる、そのために「歴史」を使うというのは、とても重要なことだと思っています。

つまり、現在の領土・国境の多くが「近代」という歴史過程において形成されてきたものであることをふまえると、現在の「国」の単位で物事を考えるということ自体が、きわめて近代的なこと、あえていえば近代以前の歴史を無視、軽視していることだということです。まさに今回のテーマである「近代世界」の中でつくられた概念や観念ですべてのことを考えすぎているきらいがあるのではないかということへの注意喚起がもっと必要ではないかと思います。

「いま」と「歴史」を、とくに歴史教育などの場でどのようにつなげていくべきか。それには大胆さと慎重さの両方が必要ではないでしょうか。たとえば「固有の領土」であることの証明をするためということもふくめて、我田引水《がでんいんすい》、もっといえば牽強付会《けんきょうふかい》になりすぎないようにする必要があります。たとえば、現代の中国と北朝鮮、あるいは中国と韓国との関係を、近代以前の「冊封・朝貢」の時代の中国・朝鮮関係のあり方と安易に結びつけて語ることにも、慎重さが求められるでしょう。

とはいえ、歴史教育という場になると、やはり「いま」を生きている生徒・学生たちに対して授業をする、考えてもらうということですから、思考の起点はやはり「いま」にならざるをえません。では、どうつなげればいいのかということですが、現在の、目前にある事象・現象と歴史的な事例との「間」に本来あるはずの「過程」を飛ばしてつなげてしまうことがないようにすることが大切です。

たとえば、先ほどお話しした中国と朝鮮半島との関係のように、現代の事象を前近代の歴史的事例とつなげて説明・解説するようなことをときどきみかけますが、その間には今日のテーマである「近代」があるだろうということです。近代の過程を飛ばして説明してしまっているせいで、きわめてミスリードな議論、もっといえば〝危ない〟議論になっているものを時おりみかけます。そうしたことが起きないように、歴史と「いま」をつなげて議論する際は、もう少し慎重に、とくに「近代」に起こった変化の過程を忘れずに論じることが大切だと思っています。一方、「歴史総合」という科目ができたこともありますが、先ほど申し上げたような手順さえまちがえなければ、ときには大胆に「いま」と歴史をつなげていく視点は大事にするべきです。そうした大胆さと慎重さをあわせもってやっていくことが必要ではないかと思いますが、そのためにはかなりの勉強と技量が必要になることは、いうまでもありません。

最後に、「歴史を学ぶとは」ということについて少しお話しします。やや抽象的になってしまいますが、物事には原因があって結果があるということですから、その間にはいろいろな変化を生み出す条件や環境があるわけです。歴史を学ぶということは、そうした物事の原因と変化と結果というものを順序立てて考えていくことの、いわば訓練のようなものだと思います。そうした訓練によってえられた物事を見通す眼を使って、人間社会のありように迫ることもできますし、文科省もいっているような「歴史的な思考力」、つまり歴史的なものの見方というものを養うことにもつながってくると思います。それは人が生きるうえで、いろいろな場面でマルチに役立つ力にもなりますし、われわれが今後いろいろなことに遭遇していくときの、さまざまな「選択」を考える際の判断材料になったり、あるいはいろいろな問題・課題を認識・判断する際の思考の土台をつくっていくことにもなります。それが歴史を学ぶことの意義・効用ではないかと思っています。

藤本　先生方、本日は長時間にわたりどうもありがとうございました。これで座談会を終わらせていただきます。

執筆者紹介（執筆順）

青山 治世　あおやま はるとし
亜細亜大学国際関係学部国際関係学科准教授

主要著書：『近代中国の在外領事とアジア』（名古屋大学出版会、2014年）、『出使日記の時代 ―― 清末の中国と外交』（共著、名古屋大学出版会、2014年）、『『順天時報』社論・論説目録』（共編、東洋文庫、2017年）

渡辺 美季　わたなべ みき
東京大学大学院総合文化研究科・教養学部教授

主要著書・論文：『近世琉球と中日関係』（吉川弘文館、2012年）、『東大連続講義　歴史学の思考法』（共著、岩波書店、2020年）、『日中関係史』（共著、吉川弘文館、2025年）

森 万佑子　もり まゆこ
東京女子大学現代教養学部国際社会学科准教授

主要著書・論文：『韓国併合 ―― 大韓帝国の成立から崩壊まで』（中公新書、2022年）、『ソウル大学校で韓国近代史を学ぶ ―― 韓国留学体験記』（ブックレット《アジアを学ぼう48》、風響社、2017年）、「日韓関係はどう記憶されている？ ―― 日本統治期に至る歴史」浅羽祐樹編著『はじめて向きあう韓国』（法律文化社、2024年、共著）

中川 未来　なかがわ みらい
愛媛大学法文学部人文社会学科准教授

主要著書・論文：『明治日本の国粋主義思想とアジア』（吉川弘文館、2016年）、「『朝鮮新報』主筆青山好恵の東学農民戦争報道 ―― 1890年代の朝鮮情報流通と居留地メディア」（『人文学報』111、2018年）、「明治期瀬戸内塩業者の直輸出運動とアジア ―― 思想の後背地としての地域」（『史林』102-1、2019年）

藤本 和哉　ふじもと かずや
筑波大学附属高等学校教諭

主要著書：『大学入学共通テスト　世界史トレーニング問題集』（山川出版社、2019年）、『現代の歴史総合　みる・読みとく・考える』（共著、山川出版社、2022年）

山川 志保　やまかわ しほ
お茶の水女子大学附属高等学校教諭

主要著書：『大学入学共通テスト　世界史トレーニング問題集』（山川出版社、2019年）、『現代の歴史総合　みる・読みとく・考える』（共著、山川出版社、2022年）

山井 教雄　やまのい のりお
イラストレーター。P.13、18、30、75、133のイラスト

主要著書：『まんが　パレスチナ問題』（講談社現代新書、2005年）、『まんが　現代史』（講談社現代新書、2009年）

山川YouTubeチャンネル
QRコード

いまを知る・現代を考える
山川歴史講座の講演は、山川YouTube
チャンネルでごらんいただけます。

いまを知《し》る、現代《げんだい》を考《かんが》える　山川歴史講座《やまかわれきしこうざ》

東《ひがし》アジア諸国《しょこく》と近代世界《きんだいせかい》

2025年４月10日　１版１刷　印刷
2025年４月20日　１版１刷　発行
編者―――青山治世《あおやまはるとし》・渡辺美季《わたなべみき》・森万佑子《もりまゆこ》
発行者――野澤武史
発行所――株式会社 山川出版社
〒101-0047　東京都千代田区内神田1-13-13
電話　03(3293)8131(営業)　8134(編集)
https://www.yamakawa.co.jp/
組版―――株式会社 アイワード
印刷―――株式会社 明祥
製本―――株式会社 ブロケード
装幀―――水戸部　功

ISBN978-4-634-44524-6
造本には十分注意しておりますが、万一、落丁本などがございましたら、
小社営業部宛にお送り下さい。
送料小社負担にてお取り替えいたします。
定価はカバーに表示してあります。